ANNALES DU MUSÉE

ET DE

L'ÉCOLE MODERNE DES BEAUX-ARTS.

SECONDE COLLECTION.

PARTIE ANCIENNE.

La première Collection des *Annales du Musée,* précédemment terminée, contient,

1.° L'état du Musée français depuis sa formation jusqu'en 1806, époque où il s'est enrichi de grandes collections étrangères;

2.° Les principaux objets du musée de Versailles, de celui des Monumens français aux Petits-Augustins de Paris, et de la galerie du Luxembourg;

3.° L'élite des productions de l'école française, ancienne et moderne, jusqu'au salon de 1808.

Ces divers objets forment les seize premiers volumes de la Collection, ci.. 16 vol.

4.° Un choix de paysages et tableaux de genre, soit du Musée français, soit d'artistes modernes, les planches ombrées en taille-douce, ci........................ 4.

5.° La réunion des différens objets, tant anciens que modernes, dont on n'avait pu se procurer les dessins lors de la publication des premiers volumes. Volume complémentaire.................................... 1.

21 vol.

L'Auteur, pour se conformer au desir manifesté par plusieurs souscripteurs, s'est décidé à séparer, dans la seconde Collection, la partie *ancienne* de la partie *moderne.* Voyez, à cet égard, l'avis qui se trouve en tête du tome I.er de la seconde Collection, page 13.

ANNALES DU MUSÉE

ET DE L'ÉCOLE MODERNE

DES BEAUX-ARTS.

RECUEIL de Gravures au trait, contenant la collection des peintures et sculptures du Musée français; les objets les plus curieux du Musée des Petits-Augustins et de celui de Versailles; la Galerie du Luxembourg; les principaux ouvrages des artistes vivans, &c.; avec des notices historiques et critiques.

PAR C. P. LANDON, Peintre de feu S. A. R. M.gr le Duc de Berry, Chevalier de l'ordre royal de la Légion d'honneur, Conservateur des Tableaux du Musée royal, Correspondant de l'Institut de France.

SECONDE COLLECTION.

PARTIE ANCIENNE,

Contenant un choix de Tableaux, Statues et autres objets conquis par les armées françaises en 1805 et 1806, les antiquités de la villa Borghèse, et les nouvelles acquisitions du Musée.

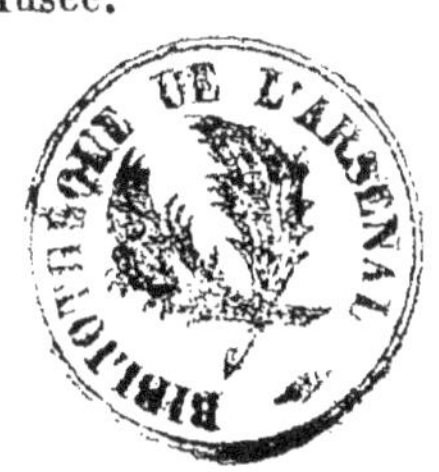

TOME QUATRIÈME.

A PARIS,

Au Bureau des ANNALES DU MUSÉE, quai de Conti, n.° 15, près la Monnaie.

IMPRIMERIE ROYALE.

1821.

AVERTISSEMENT.

LORSQUE nous fîmes paraître, en 1813, le tome III de la seconde collection, *partie ancienne*, nous annonçâmes la prochaine publication du quatrième et dernier volume de cette même *partie*, lequel devait être exclusivement destiné aux productions de la *renaissance de l'art;* mais alors il était impossible de prévoir que l'immense collection du Musée français serait bientôt démembrée dans toutes ses parties, et qu'une certaine quantité de morceaux inédits que nous avions l'intention de faire dessiner, seraient rendus à leurs anciens propriétaires avant que nous pussions nous mettre à l'ouvrage. Cependant nos souscripteurs regretteront peu que notre projet n'ait pas reçu son exécution, lorsqu'ils auront parcouru ce quatrième et dernier volume; ils y trouveront non-seulement le choix le plus soigné de ces *productions primitives* en nombre suffisant pour donner une idée de l'époque que l'on est convenu de citer comme celle de la renaissance de l'art (car, dans les temps même les plus barbares, la peinture ne cessa jamais d'être cultivée en Italie, soit par des artistes grecs, soit par leurs élèves), mais encore environ trente morceaux de maîtres dont il n'a pas été question dans les volumes précédens, ainsi que les notices biographiques qui les concernent.

Ce même volume offrira le complément de ce que nous nous proposions de publier de l'ancienne école française, savoir : plusieurs compositions importantes du Poussin, de Le Sueur, de Le Brun, de Mignard, de Jouvenet, &c.; enfin six planches ombrées d'après six tableaux capitaux de l'école flamande, qui ont orné, comme objets conquis, le Musée français, depuis 1806 jusqu'en 1815.

Nous avions également annoncé en 1813, d'après l'autorisation qui nous en avait été donnée, le trait de la galerie du palais de Malmaison. Cette superbe galerie contenait environ cent cinquante tableaux des plus rares; deux volumes de gravures auraient suffi pour en donner une idée à nos souscripteurs : mais, par l'effet de diverses circonstances, la collection entière a passé à l'étranger; on dit même que depuis elle a été divisée et répartie entre plusieurs cabinets du premier ordre.

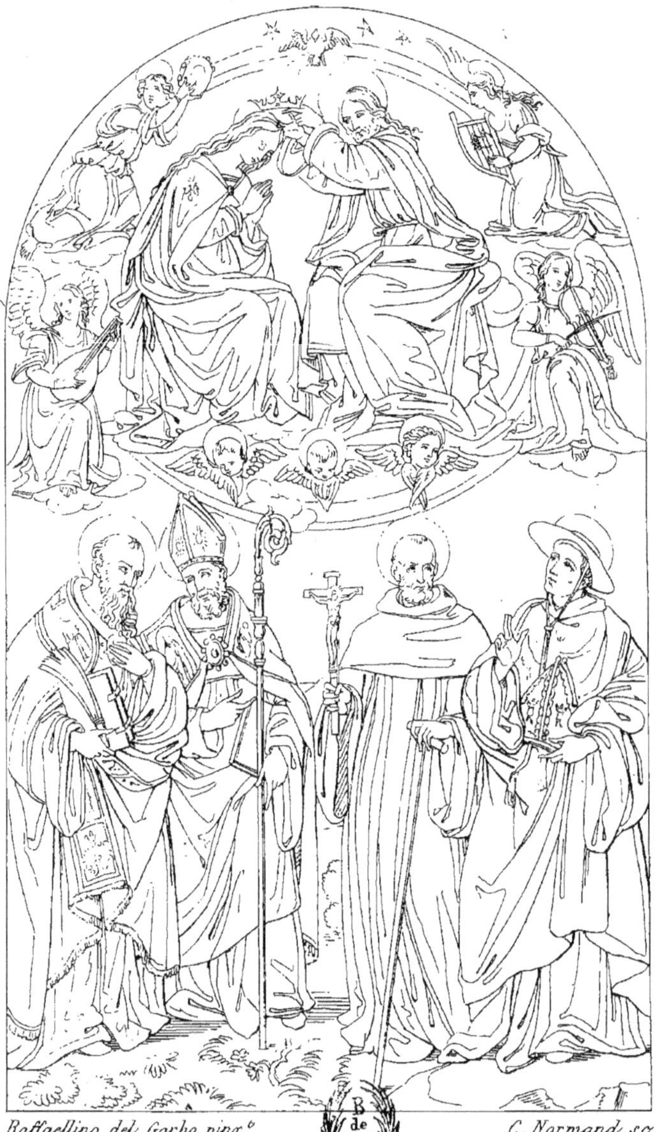

Raffaellino del Garbo pinx.t C. Normand sc.

Planche 1.re — *En présence de la Cour céleste, la Vierge reçoit des mains de son fils la couronne de l'immortalité; tableau de* Raffaellino del Garbo, *dit* il Raffaellino.

Raffaellino del Garbo, né vers l'an 1466, est un des peintres qui ont marqué avec le plus d'éclat la fin de la première époque de l'école florentine, lorsque Léonard de Vinci et Michel-Ange commençaient à illustrer la seconde, et la portaient à un degré de splendeur qu'aucun de leurs successeurs n'a pu soutenir.

Élève de Filippino Lippi, Raffaellino saisit parfaitement la manière de son maître, et parvint même à le surpasser. Ce dernier, ayant été appelé à Rome pour peindre une chapelle de l'église de la Minerve, y représenta une Assomption et quelques traits de la vie de S. Thomas d'Aquin, remarquables par la beauté des têtes; mais il fut vaincu dans cette partie par Raffaellino, son élève, qui peignit à la voûte un chœur d'anges, dont le mérite suffit pour justifier le surnom qui le distingue. A Monte-Oliveto de Florence, on voit une Résurrection de Raffaellino, figures de petite proportion; mais l'expression en est si gracieuse, le mouvement si beau, et le coloris de si bon goût, qu'on a peine à croire que ce peintre n'ait pas été le premier de son temps. On peut louer avec la même justice tous ses premiers tableaux: mais, forcé de soutenir une nombreuse famille et de travailler à tout prix, il négligea dans la suite ses ouvrages, et finit ses jours dans une extrême pauvreté. Il mourut en 1524, âgé de cinquante-huit ans.

Le tableau qui fait le sujet de cet article est digne d'attention; mais il serait mieux apprécié, si la hauteur à laquelle il est placé dans la galerie, permettait d'en saisir les détails. Quatre saints religieux sont sur le premier plan : S. Benoît tient un livre et des verges; S. Salvi, évêque de Vérone, une crosse et un livre; S. Jean Gualbert Azzini, fondateur de la congrégation de Vallombreuse, montre un crucifix; S. Bernard delli Uberti, cardinal et évêque de Parme, coiffé d'un chapeau rouge, tient une mitre à la main. La partie inférieure, parfaitement conservée, est d'un excellent style; les têtes, que l'on peut considérer comme de bons portraits, sont pleines d'onction et de vérité : la touche est ferme; le coloris dur et un peu discordant, sur-tout dans les draperies. La partie supérieure du tableau, qui avait éprouvé quelques dommages, a été mal restaurée; mais il serait aisé d'enlever quelques mauvais repeints, et de raccorder le reste.

Ce tableau, peint sur toile, est le seul que le Musée possède de Raffaellino del Garbo; il ornait le maître-autel de San-Salvi, église réformée, près de Florence. Vasari le place au nombre des meilleurs ouvrages de ce maître.

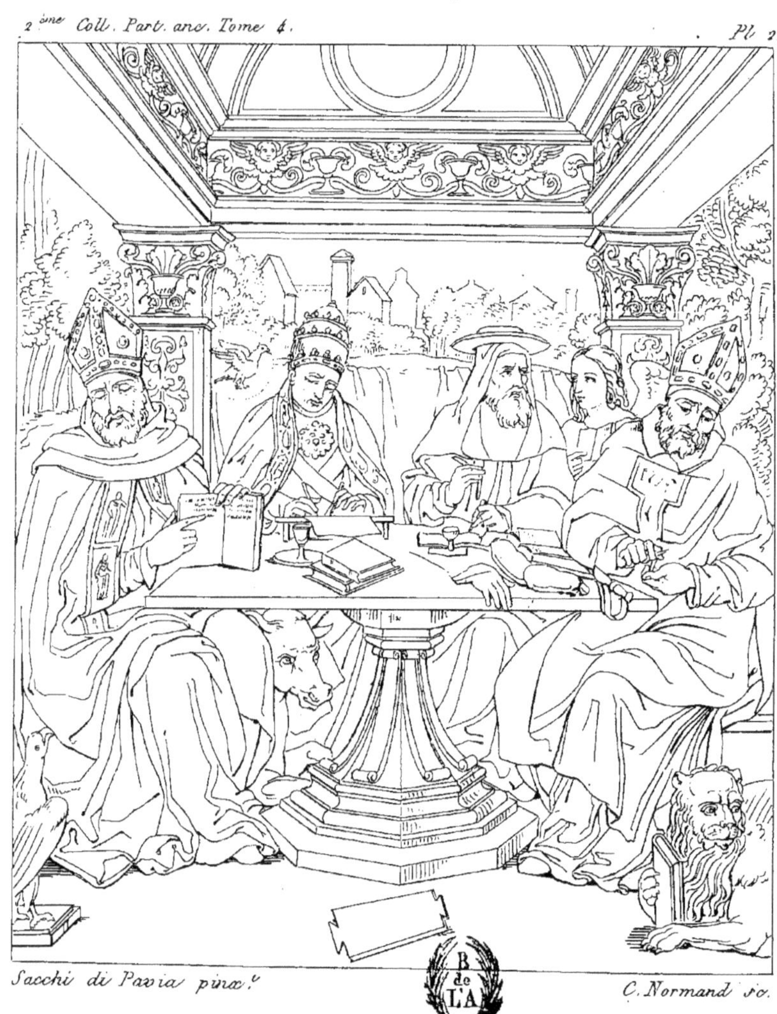

Sacchi di Pavia pinx.t C. Normand sc.

Planche 2.e — *Les quatre Docteurs de l'Église; tableau de* Pier Francesco Sacchi di Pavia.

Sous un portique ouvert, soutenu par des pilastres richement décorés, les quatre docteurs de l'église latine sont assis autour d'une table de marbre blanc ; auprès de chacun d'eux on remarque l'un des symboles donnés aux évangélistes. L'aigle est à côté de S. Augustin, évêque d'Hippone ; le bœuf, près du pape S. Grégoire-le-Grand ; l'ange, près de S. Jérôme ; le lion ailé, près de S. Ambroise, occupé à tailler une plume : une discipline placée devant l'archevêque de Milan paraît indiquer la sévérité dont il usa envers l'empereur Théodose, qui avait puni trop rigoureusement les habitans de Thessalonique. Sur un cartel placé près du pied de la table, on lit : *Petri Francisci Sacchi de Papia opus, 1516.*

Pier Francesco Sacchi, de Pavie, vint s'établir à Gènes dans un temps où la peinture était exercée par des artistes étrangers; du moins ceux du pays étaient en si petit nombre, et leur méthode était si imparfaite, qu'aucun des peintres de cette époque n'a laissé d'ouvrages dignes d'être cités. Nourri du style de l'école milanaise, Pier Francesco Sacchi fut considéré comme un dessinateur tout-à-la-fois soigneux et expéditif, comme un agréable paysagiste, et il eut la réputation d'être savant en perspective. La manière de Sacchi a beaucoup de rapport avec celle de Carlo de Mantegna, autant qu'on peut en juger d'après les ouvrages qu'on voit de lui à Mantoue. Il ne reste aujourd'hui aucune trace de ceux qu'il exécuta à Gènes. Le tableau des quatre saints docteurs, qui fait le sujet de cet article, avait été peint pour l'oratoire de Saint-Ugo de cette dernière ville.

Ce morceau, dont les figures sont de grandeur naturelle, et dont l'exécution est d'un pinceau ferme et nourri, qui ne laisse à desirer qu'un peu plus de légèreté, est sur-tout remarquable par la sévérité des caractères et la solidité des masses : le coloris en est franc et vigoureux; mais il y manque cette vapeur aérienne qui lie les parties de la composition et donne du charme à l'ensemble.

Le Musée ne possède que ce seul tableau de Pier Francesco Sacchi.

Bonvicino pinx.t C. Normand sc.

Planche 3.e — *S. Bonaventure et S. Antoine de Padoue; S. Bernardin de Sienne, et S. Louis, évêque de Toulouse et de Pamiers; tableaux d'*Allessandro Bonvicino.

Allessandro Bonvicino, dit le Moretto, né à Brescia en 1514, et mort vers 1566, s'était formé à l'école du Titien. Il porta d'abord dans sa ville natale les principes et la manière de son maître; c'est ce qu'il fit voir dans un tableau de S. Nicolas, qu'il peignit en 1532 pour l'église de la Vierge des Miracles. Bonvicino se distingua également dans le portrait, et saisit, mieux qu'aucun autre artiste dans ce genre, le faire du Titien. Mais, ayant été inspiré par quelques tableaux de Raphaël, qu'il eut occasion de voir, et par des estampes gravées d'après ce maître, il changea sa manière et se forma un nouveau style. Bonvicino a su varier ses draperies; mais elles pourraient être souvent d'un meilleur choix : il aime à employer les objets de perspective et d'ornement; mais il en use avec moins de profusion que les autres peintres de l'école vénitienne. Sa touche est pleine, facile, et il semble plutôt écrire que peindre avec son pinceau. Son coloris étonna les connaisseurs par sa nouveauté et par l'effet qu'il sut en tirer. Ce qui le caractérise principalement, c'est un agréable jeu des ombres et des lumières, dont les masses, quoiqu'un peu resserrées, se trouvent tout-à-la-fois en opposition et en harmonie. Bonvicino fit quelques ouvrages à fresque; mais ils sont inférieurs à ses tableaux à l'huile. Il travailla beaucoup dans le lieu de sa naissance et dans les villes voisines. On cite un tableau de S.te Lucie qu'il peignit pour l'église de Saint-

Clément, une S.te Catherine, et sur-tout une Assomption qui décore le maître-autel; la composition en est exquise, et l'ouvrage est d'un goût si parfait sur tous les points, que ce tableau est regardé comme un des plus beaux de Brescia. Il peignit encore une réunion de plusieurs saints pour l'église de Saint-André de Bergame, un sujet semblable pour Saint-George de Vérone, et la Chute de S. Paul pour Milan.

Le Musée royal ne possède pas d'autres tableaux de Bonvicino que ceux dont nous donnons ici la gravure; les figures ont environ quatre pieds de proportion. Ils sont peints sur bois, et ont été tirés du musée de Brera à Milan, moyennant un échange autorisé par le Gouvernement, plusieurs années avant le rétablissement de la monarchie en France.

Fra Filippo Lippi pinxt.

C. Normand sc.

Planche 4.e — *La Vierge sur son trône; composition mystique de* Frà Filippo Lippi.

La Vierge, debout sur la première marche du trône, présente l'Enfant Jésus à l'adoration de deux saints abbés. Ils sont à genoux, revêtus d'habits sacerdotaux, et tiennent à la main une crosse, marque de leur dignité. Des anges accompagnent la mère du Sauveur, et portent des tiges de lis, emblèmes mystiques de la mission de Gabriel. On croit reconnaître le peintre dans le portrait du religieux carme placé au-dessous de l'enceinte du trône, et sous l'aile de l'ange qui est à la gauche du spectateur. Ce tableau, peint sur bois, était placé à Florence dans la sacristie de l'église supprimée *di San-Spirito*.

La disposition symétrique des diverses parties de la composition, de sorte qu'une moitié du tableau est presque la répétition de l'autre moitié, se retrouve assez généralement dans les tableaux de l'époque où celui-ci a été composé : aujourd'hui ce serait un défaut capital; autrefois sans doute c'était une espèce de beauté. Il faut convenir que, dans les sujets purement mystiques, cette symétrie n'a rien de choquant : elle annonce de la simplicité, et rentre même évidemment dans le caractère des cérémonies augustes et des scènes d'apparat. Abstraction faite de cette singularité, dont les amateurs peuvent juger selon leur goût, ce tableau d'un des imitateurs de Masaccio rappelle assez heureusement la manière simple et naïve d'un maître auquel Raphaël lui-même n'a pas dédaigné de faire des emprunts. Les figures ont une certaine grâce et une certaine élégance :

il y a plus de fermeté que de sécheresse dans le pinceau; mais le coloris est terne et manque de vivacité.

Frà Filippo Lippi, ayant dans sa plus tendre enfance perdu son père et sa mère, fut reçu chez les Carmes à Florence. Il n'est pas élève de Masaccio, comme le prétend Vasari; mais il se forma sur ses ouvrages. Il travailla à Florence, à Pistoie, à Naples, à Padoue, et dans plusieurs autres villes. Né en 1400, il mourut en 1469 à Spolette, où il venait de terminer la grande peinture du dôme. Il laissa un fils, nommé Filippino Lippi, qui suivit la même carrière. Laurent-le-Magnifique, n'ayant pu obtenir de la ville de Spolette les cendres de Filippo, lui fit ériger, à ses frais, un monument en marbre.

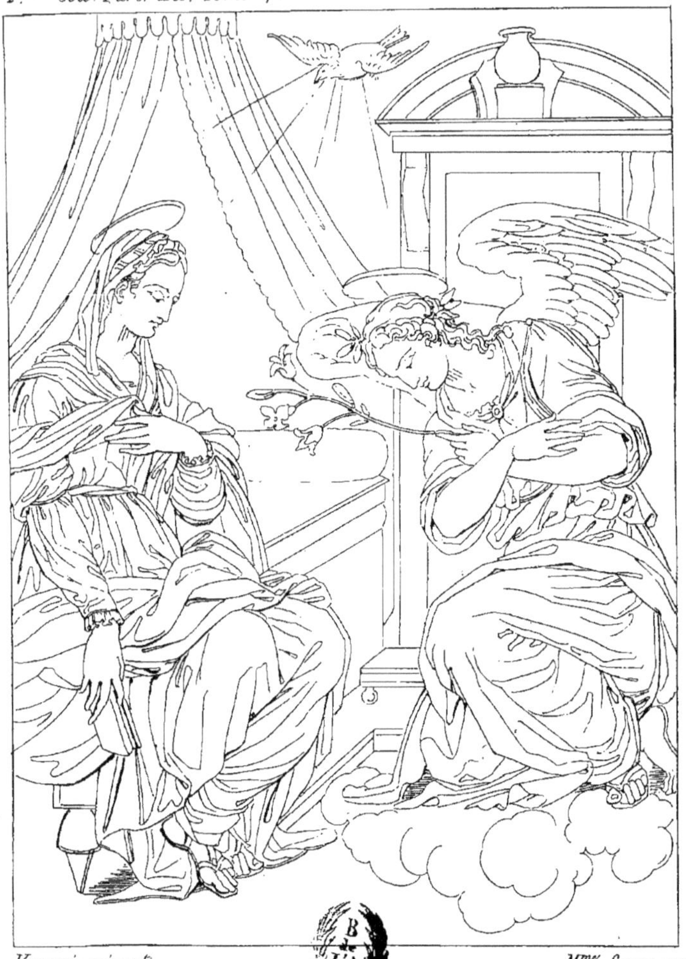

Vasari pinx.t M.me Soyer sc.

Planche 5.e — *La Salutation angélique; tableau de* Vasari.

George Vasari, peintre et historien, né en 1512 à Arezzo en Toscane, reçut les premiers principes de dessin de Guillaume de Marseille, qui peignait sur verre; il se perfectionna à Florence sous Andrea del Sarto, le Rosso et Michel-Ange. Il alla ensuite à Rome, où il fut conduit par le cardinal Hippolyte de Médicis : ce fut l'origine de sa fortune; accueilli dans la famille du cardinal, il y fut comblé de biens et d'honneurs. Les ouvrages de son premier maître et ceux de Raphaël furent l'objet de ses méditations; il dessina d'après les marbres antiques, et se forma un style dans lequel on retrouve les traces de ses diverses études. Après avoir été employé à de grands ouvrages par Clément VII, Paul III, Jules III et Pie V, il fut attiré à Florence par Alexandre et par Côme, grand duc de Toscane; il se rendit à Bologne, de là à Venise, à Ravenne, à Rimini et à Arezzo; il travailla pareillement à Pise, à Pistoie, à Pérouse, à Naples, et dans nombre d'autres villes, dont les églises et les monastères sont ornés d'un si grand nombre d'ouvrages de sa main, qu'il paraît impossible qu'un seul homme ait pu les produire. Il est vrai qu'il était dans l'usage de se faire aider, et qu'un grand nombre de jeunes peintres travaillaient sous sa direction.

Vasari aurait joui d'une grande réputation comme peintre, s'il n'eût produit qu'un petit nombre de tableaux, tels que ceux que l'on cite de lui avec de grands éloges; entre autres, les peintures qu'il exécuta à l'ancien palais de Florence; un tableau de la Conception à l'église du *Saint-Apôtre* de la même ville, et qui passe pour son chef-d'œuvre; la Décollation de S. Jean, dans une église de Rome; le Festin d'Assuérus, aux Bénédictins d'Arezzo; plusieurs portraits dignes du Giorgion, et quelques autres morceaux qui attestent un talent d'un ordre supérieur : mais il voulut trop faire, et sa trop grande célérité nuisit à la perfection de ses ouvrages.

Comme écrivain, Vasari s'est fait une réputation qu'on ne peut lui contester, et ses écrits survivront aux productions de son pinceau. Ses *Mémoires sur la vie et les ouvrages des artistes* lui assurent à jamais la reconnaissance des amis des arts; ses descriptions sont exactes, et son style est orné et élégant. On lui reproche d'avoir marqué trop de prédilection pour les peintres de son pays, et de les avoir loués sans mesure. Vasari fut également savant en architecture. Il mourut à Florence en 1574, âgé de soixante-trois ans; son corps fut transporté à Arezzo, et inhumé dans une chapelle qu'il avait fait bâtir et qu'il avait décorée. Le tableau, un peu trop librement exécuté, dont nous donnons ici la gravure, et le seul que le Musée possède de ce maître, était placé dans le chœur de l'église où les religieuses supprimées de *Santa-Maria Novella* faisaient l'office. Vasari leur en fit présent, lorsqu'elles reçurent dans leur communauté une de ses sœurs qui s'y fit religieuse, et dont il paya la dot.

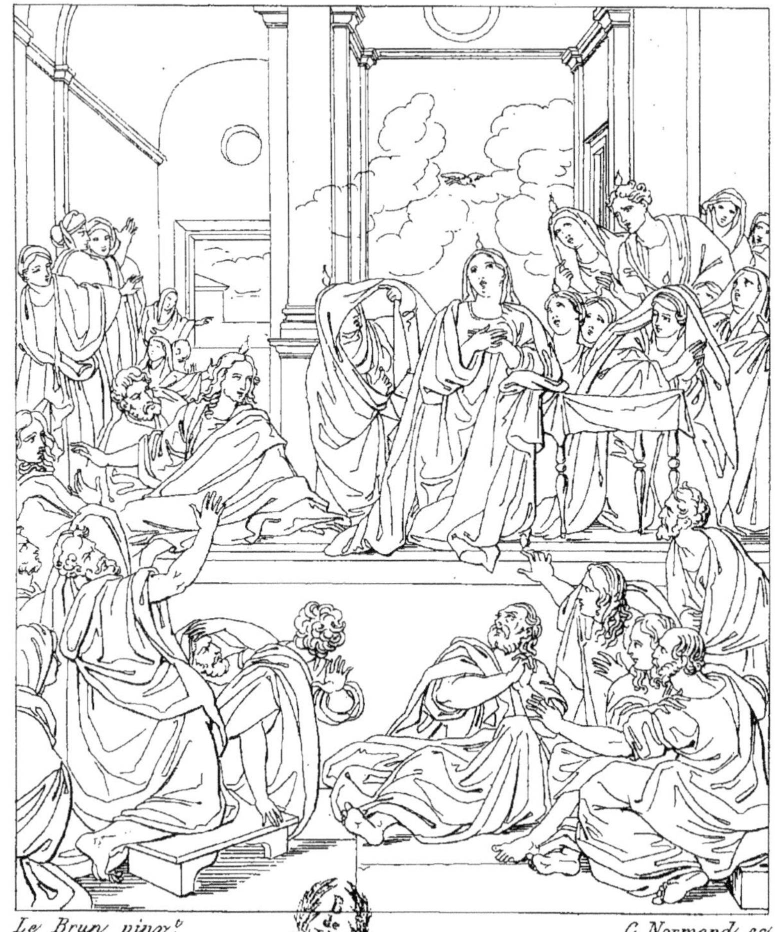

Le Brun pinx.t *C. Normand sc.*

Planche 6.e — *La Descente du Saint-Esprit sur les Apôtres; tableau de* Le Brun.

La Vierge et les apôtres étant assemblés, le Saint-Esprit descend au milieu d'eux. Le Brun s'est peint lui-même dans ce tableau sous la figure de l'un des disciples; c'est celui qui est vu debout dans le coin à gauche du spectateur. Cet excellent tableau, qui ne le cède à aucun de ceux du même maître pour le mérite de la composition, pour la noblesse de l'expression, et sur-tout pour le moelleux et le fini du pinceau, paraît être entièrement de la main de Le Brun, circonstance assez rare; il ornait l'autel de la chapelle du séminaire de Saint-Sulpice, et il en fut enlevé à l'époque de la révolution. Les figures ne sont pas tout-à-fait de grandeur naturelle; l'effet du tableau est suave et harmonieux. Le Brun avait peint dans la même chapelle un superbe plafond, où l'on voyait le Père éternel tendant les bras à la Vierge, soutenue dans les airs par un groupe d'anges; au pourtour du plafond étaient quatorze figures représentant les Pères du concile d'Éphèse et de l'église latine dans des attitudes d'admiration et d'humilité: cet édifice a été détruit.

On lit dans la Vie de Le Brun (mais ce trait n'est pas croyable de la part d'un homme qui vécut toujours noblement, que le Roi avait comblé de ses bienfaits, et qui jouissait de plus de 50,000 livres de rente, fortune alors très-considérable, et qui serait encore aujourd'hui fort au-dessus de celle de nos artistes les plus relevés), on lit, disons-nous, dans la Vie de ce grand peintre, qu'ayant tiré du magasin du Roi un tableau de la

Circoncision par Jules Romain, il le fit présenter au Prince par un nommé Hérault, et le fit acheter 20,000 liv. M. de Louvois, averti par Mignard, rival de Le Brun, rendit compte de cette action à sa Majesté, qui en fut si indignée, qu'elle défendit à Le Brun de paraître à la cour. On ajoute que cet artiste célèbre, ne pouvant supporter les reproches sanglans dont le ministre l'avait accablé, tomba malade à sa maison de Montmorency, et qu'on le ramena à Paris, aux Gobelins, où il mourut. Ce trait est une calomnie absurde : Lépicié, dans son *Catalogue des tableaux du Roi,* dit expressément, en parlant de la *Circoncision* par Jules Romain : « Après » la mort de M. Fouquet, surintendant des finances, à » qui ce tableau avait appartenu, M. Le Brun, qui l'avait » acheté, le vendit au Roi. »

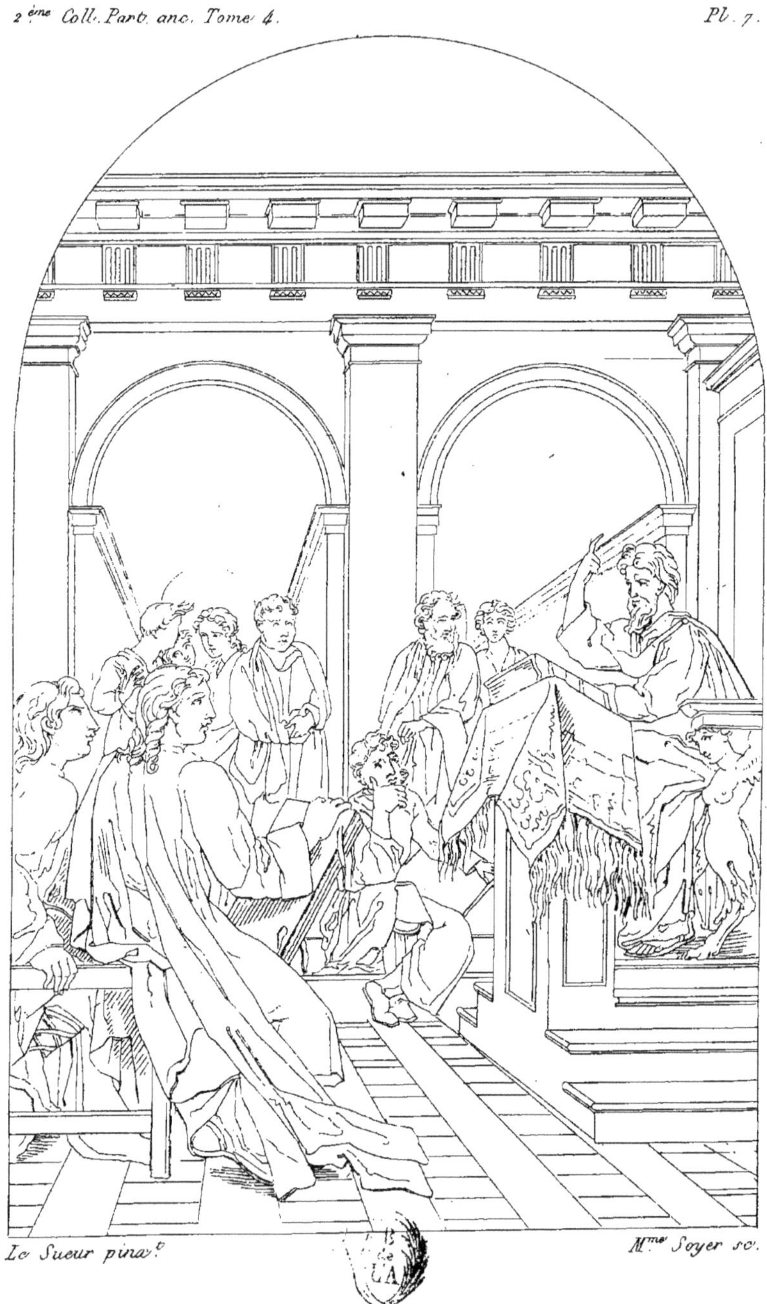

Le Sueur pinx.t M.me Soyer sc.

Planche 7.e — *S. Bruno enseigne la théologie dans les écoles de Reims; tableau du cloître des Chartreux, par* Le Sueur.

Né à Cologne, vers l'an 1040, d'une famille noble et ancienne, qui subsistait encore en Allemagne au milieu du XVIII.e siècle, S. Bruno fut élevé, sous les yeux de ses parens, dans l'école de la collégiale de Saint-Cunibert, où depuis il fut pourvu d'un canonicat. Attiré par la réputation dont jouissait alors l'école de Reims, il y parcourut avec distinction la carrière de toutes les sciences, et il excella sur-tout dans la théologie. L'archevêque Gervais, ravi de ses progrès et de sa sagesse exemplaire, lui conféra d'abord la dignité de scolastique, dont dépendait l'instruction des clercs; puis celle de chancelier, qui lui donnait la direction des écoles publiques de la ville et l'inspection sur toutes les grandes études du diocèse. Il eut pour disciples des hommes qui rendirent son nom célèbre, et dont plusieurs furent depuis élevés aux plus éminentes dignités de l'église; entre autres, Odon, qui devint pape sous le nom d'Urbain II, et qui l'appela près de lui en 1089, pour s'aider des conseils de son ancien maître dans le gouvernement de l'église.

Ce tableau complète la suite des vingt-deux sujets de la galerie des Chartreux, dont les vingt-un premiers se trouvent disséminés dans les volumes précédens; il est le cinquième dans l'ordre de la collection. On ne peut en citer aucune aussi nombreuse dont les différens tableaux se trouvent dans une harmonie plus parfaite sous le rapport de la composition, du ton général, qui est très-suave, et sur-tout des caractères, tous remplis d'onction et de vérité.

Le Roi vient de donner l'ordre d'exécuter en tapisserie, aux Gobelins, cette suite intéressante, qui tient un des premiers rangs dans l'histoire de la peinture en France. Cinq tableaux seulement sont à-la-fois sur le métier, afin qu'il n'y ait pas un trop grand vide dans la galerie du Musée. Plusieurs années s'écouleront avant que cette tenture, dont nous ignorons la destination, soit entièrement achevée.

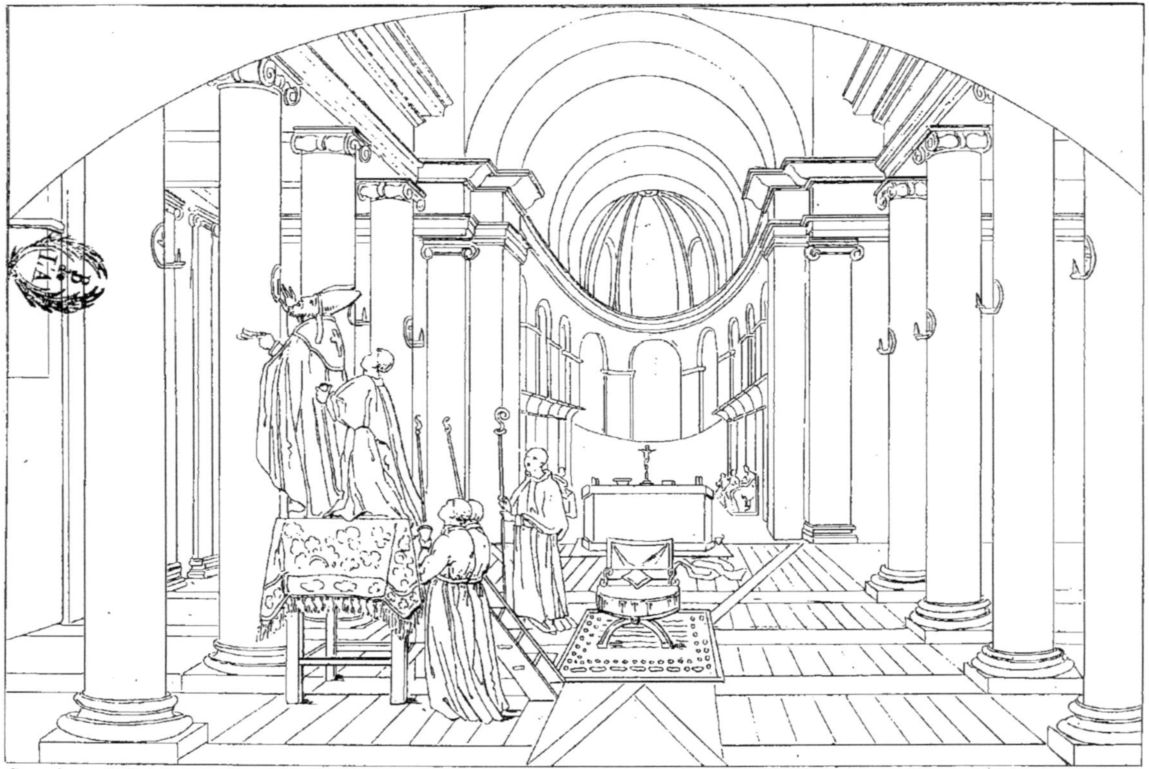

Le Sueur pinx.t Mme Soyer sc.

Planche 8.ᵉ — *Dédicace d'une Église; tableau de* Le Sueur.

Ce sujet, qui paraît étranger à l'histoire de S. Bruno, fait néanmoins suite à la collection. Les quatre extrémités du petit cloître des Chartreux à Paris étaient décorées de quatre tableaux représentant des vues des chartreuses de Rome, de Pavie, de Paris et de Grenoble. Nous avons donné précédemment celles des chartreuses de Grenoble et de Paris : le tableau qui représente la chartreuse de Pavie est perdu; il est probable que celui qui fait le sujet de cet article, représente l'intérieur de l'église de la chartreuse de Rome. Pour laisser briller l'architecture, dont l'ensemble mis en perspective offre un agréable point de vue, Le Sueur n'y a introduit qu'un petit nombre de figures; elles y font un bon effet : le ton général du tableau est argentin et lumineux.

Le Sueur connut le Poussin durant le court séjour que ce grand peintre fit en France, où l'avaient appelé les ordres du Roi. A cette époque Le Sueur avait vingt-trois ou vingt-quatre ans; le Poussin, qui avait pour lui beaucoup d'amitié, admirait déjà ses premières productions. De retour à Rome, il se donnait la peine de faire les croquis des tableaux qui respiraient le plus le style antique, et les envoyait à Le Sueur. On a attribué à ces études, qui étaient conformes à son goût dominant, celui qui caractérise ses ouvrages.

Issu d'une famille honnête, et comptant parmi ses aïeux des hommes qui s'étaient distingués dans la profession militaire et dans la robe, dans les lettres et les beaux-arts, Le Sueur mourut sans enfans; mais il laissa des neveux. M. Le Sueur, aujourd'hui chevalier de la Légion d'honneur, compositeur célèbre, et membre de l'Institut de France, descend de cette famille en ligne directe. Nous pouvons citer un autre descendant par les femmes, M. de Normandie, ancien directeur général de la liquidation de la dette publique.

9

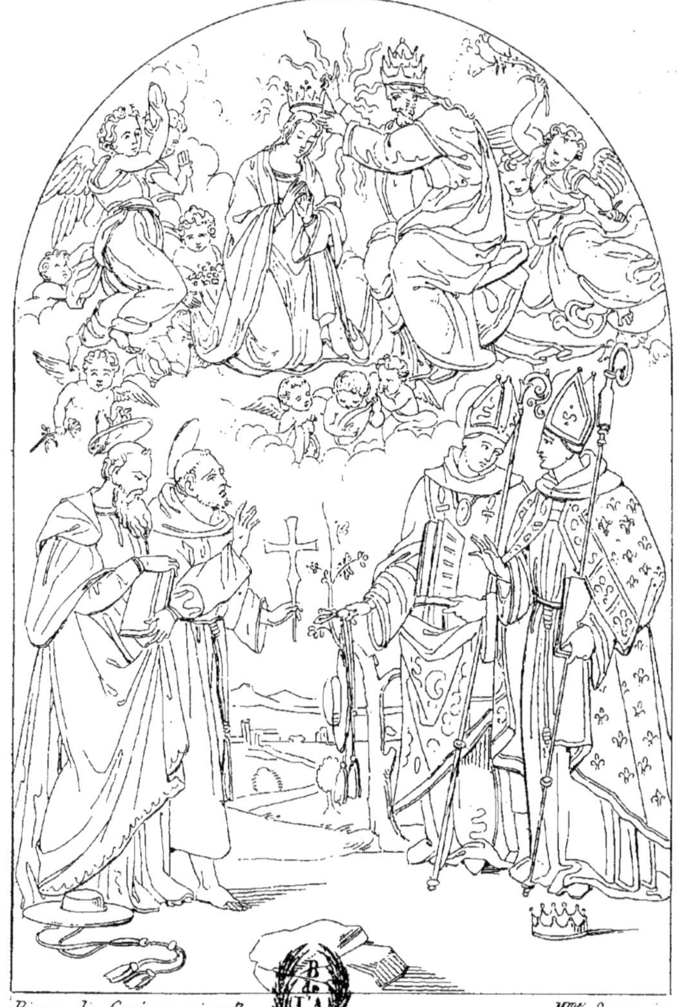

Piero di Cosimo pinx.t Mme Soyer sc.

Planche 9.e — *La Vierge couronnée par le Père éternel; tableau de* Piero di Cosimo Rosselli.

La tête ceinte d'une tiare semblable à celle du pape, le Père éternel, environné de la milice céleste, pose la couronne de l'immortalité sur la tête de la Vierge, prosternée à ses pieds. Sur le premier plan, S. Jérôme, S. François d'Assise, S. Bonaventure, et S. Louis, évêque de Toulouse, sont debout avec les attributs qui les font reconnaître.

On ignore le nom de famille de l'auteur de ce tableau; il n'est connu que par celui de son maître Cosimo Rosselli, ajouté par habitude à son prénom. Il peignit avec succès le paysage d'un tableau de Cosimo Rosselli, représentant la prédication de Notre-Seigneur, tableau qui passe pour le chef-d'œuvre du maître. On cite encore de Piero di Cosimo un *Massacre des Innocens* et un *Persée,* qui se voyaient dans la galerie de Florence. Ce peintre, bon coloriste plutôt que bon dessinateur, naquit à Florence en 1441, et mourut en 1521. Andrea del Sarto fut son élève. Le Musée ne possède que ce tableau de Piero di Cosimo.

Quant à Cosimo Rosselli son maître, comme il n'était ni abondant en invention, ni savant dans le dessin, il pensa qu'il devait avoir recours à la beauté des couleurs. Le pape Sixte IV ayant proposé un prix pour celui qui ferait le mieux, il chercha les teintes les plus vives, et employa le plus bel azur, qu'il rehaussa encore par l'éclat de l'or, s'imaginant que le pape, qui n'était pas assez connaisseur en dessin, ne jugerait de ses ouvrages que par leur lustre et la vivacité des couleurs : ce qui arriva en effet; car, Sixte ayant fait découvrir les peintures de sa chapelle, celles qui étaient de la main de Rosselli lui plurent tellement, qu'il obligea les autres peintres à retoucher leurs tableaux, et à les rehausser d'or et d'azur, afin de les rendre plus semblables à ceux de Rosselli.

Celui qui fait le sujet de cet article, et qui avait été conservé jusqu'en 1746 dans une chapelle de l'église de *San-Girolamo* et *San-Francesco della Corta,* qui fut depuis supprimée, a été placé ensuite dans la *forestiera* de la communauté. Le dessin en est pauvre, et les figures manquent de caractère; mais les ouvrages de ce maître sont rares, et le Musée n'en possède pas d'autres de sa main.

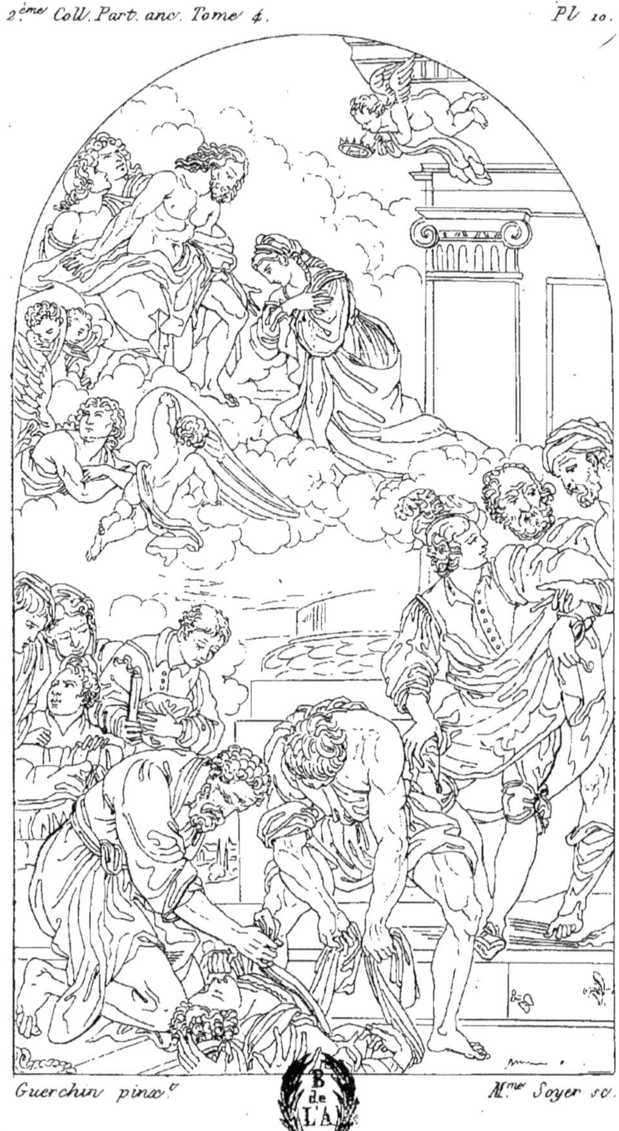

Guerchin pinx.t M.me Soyer sc.

Planche 10.e — *Ste Pétronille ; tableau du* Guerchin.

Ste Pétronille, dont le culte est très-ancien dans l'église, et qu'on nomme vulgairement en France Ste Périne, était fille de l'apôtre S. Pierre ; c'est tout ce que l'on sait de sa vie. C'est le moment de sa sépulture que le peintre a représenté.

Revêtu de ses habits de fête et la tête couronnée de fleurs (suivant l'usage de la primitive église, encore en vigueur en Italie), le corps de la sainte est près d'être déposé dans la tombe. Tandis que deux hommes le descendent à l'aide de linceuls, un troisième, dont on n'aperçoit que les mains, le reçoit au fond de la fosse. Plusieurs assistans, parmi lesquels on distingue un jeune homme richement vêtu, prennent part à cette triste cérémonie. Dans la partie supérieure du tableau, l'on voit, sous la figure d'une jeune et belle vierge richement parée, l'ame de Ste Pétronille, qui, dégagée des liens terrestres, est reçue à bras ouverts par Jésus-Christ, dans la gloire céleste qui l'environne.

Ce tableau, peint sur toile, de vingt figures de onze à douze pieds de proportion, et le plus capital, sans contredit, qui soit sorti du fécond pinceau du Guerchin, avait été tiré du palais pontifical de Monte-Cavallo à Rome, où il ornait la grande salle qui précède la chapelle Pauline. Réuni au Musée de France en 1801, il a été rendu en 1815 à la cour de Rome.

C'est au pape Grégoire XV, de la maison Ludovisi, qu'on est redevable de ce chef-d'œuvre, ainsi que le témoigne l'inscription suivante, mise par le peintre au bas de son tableau :

GREGORIO XV PONT. MAX.
JO. FRANC.[s] BARBERIUS CENTENSIS
FACIEBAT MDC. XXIII.

Satisfait des ouvrages que le Guerchin avait faits pour ses neveux à la villa Ludovisi, Grégoire voulut qu'il eût part aux grands tableaux qu'il faisait exécuter alors pour l'église de Saint-Pierre. Celui de l'autel de Ste Pétronille lui tomba en partage; il le peignit rapidement. Le tableau, terminé en 1623, l'année même de la mort du souverain pontife, fut mis en place, et y resta jusqu'à ce qu'ayant été exécuté en mosaïque, il fut transporté au palais de Monte-Cavallo. Le Musée royal possède la planche de cette belle composition, très-bien gravée par N. Dorigny.

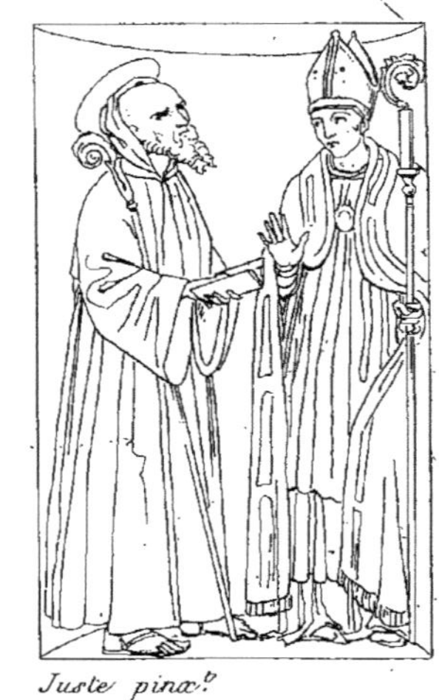

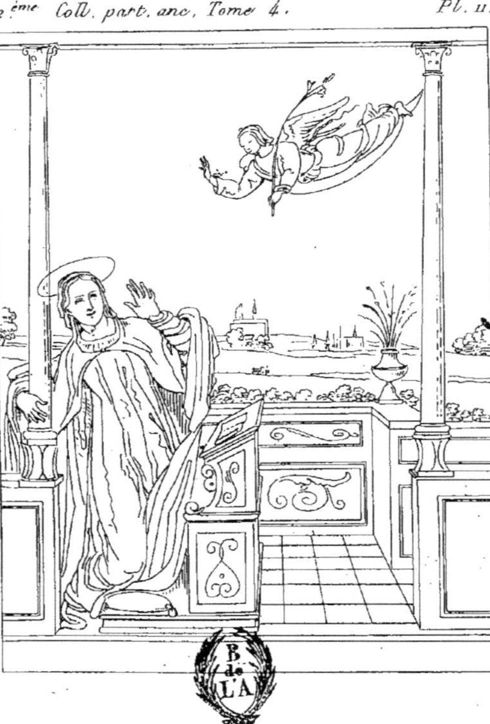

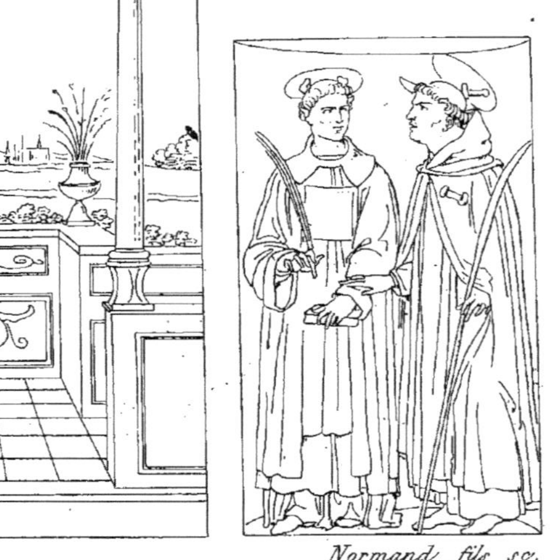

Juste pinx.t Normand fils sc.

Planche 11.e — *L'Annonciation et plusieurs Saints, tableau de* Juste.

Le plus considérable de ces trois tableaux, que renferme le même cadre, représente l'Annonciation. Dans une galerie ouverte, d'où l'on aperçoit la ville de Nazareth, la Vierge, à genoux sur un prie-dieu, voit avec étonnement l'envoyé du Seigneur qui traverse les airs pour venir lui annoncer sa glorieuse destinée. La petitesse des proportions de cette dernière figure peut seule faire soupçonner qu'elle est vue dans le lointain; car la perspective aérienne ne s'y fait nullement sentir.

Quant aux deux tableaux qui accompagnent le sujet du milieu, avec lequel ils n'ont rien de commun sous le rapport de la composition, celui qui est à gauche du spectateur représente S. Benoît et un saint évêque. On reconnaît dans le tableau de droite le saint diacre Étienne, et S. Ange, religieux carme, tous deux martyrs.

Ce morceau, l'une des plus anciennes productions de l'école génoise, est d'un peintre allemand sur lequel nous avons peu de notions : on sait qu'il vivait en 1451, et qu'il exécuta à Gènes plusieurs peintures qui sont les premières où le nom de l'auteur ait été conservé; il y était désigné sous le nom de *Giusto di Alemagna.* Voici la traduction d'un passage de Lanzi, le seul où nous ayons trouvé quelques particularités sur cet artiste : « Un Alle-
» mand nommé *Giusto di Alemagna* a laissé un témoi-
» gnage de son talent à Gènes, au couvent de *Santa-*
» *Maria di Castello;* il y peignit à fresque, en 1451,
» une *Annonciation,* tableau précieux dans son genre,

» fini dans le goût de la miniature, et qui paraissait pro- » mettre à la Germanie le style d'Albert Durer. » Vers le même temps florissait à Gènes un peintre nommé Jacopo Mazone di Alessandria; il peignit en détrempe, à Saint-Jacques de Savone, un tableau à plusieurs compartimens, dans le genre de celui dont nous donnons la gravure: le morceau du milieu avait pour sujet la Crèche avec un paysage, ouvrage merveilleusement soigné dans toutes ses parties.

Celui qui fait le sujet de cet article, et dont les figures ont environ trois pieds et demi de proportion, est également remarquable par le fini des détails : on y trouve une grande fermeté de masses et d'effet ; quoique les carnations soient faibles de ton, les têtes offrent, selon toute apparence, des portraits de personnes du temps. La tunique de la Vierge, la chasuble du saint évêque, plusieurs pièces d'ornement, et les auréoles, qui ont la forme de disques, sont couchées d'or en plein, et rehaussées d'ombres au pinceau.

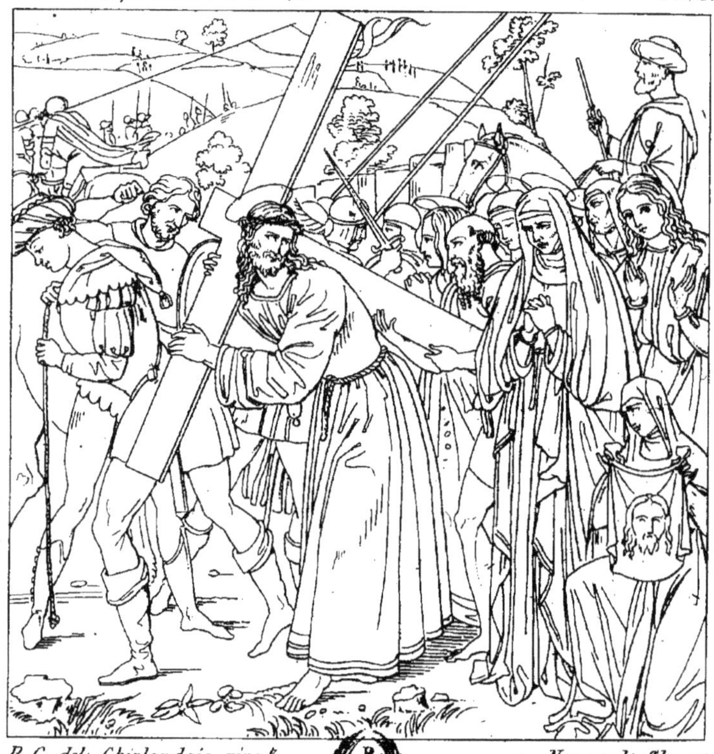

B. C. del Ghirlandaio pinx.t Normand fils sc.

Planche 12.e — *Jésus portant sa croix; tableau de* Benedetto Corradi del Ghirlandaio.

L'école florentine compte quatre peintres du nom de Ghirlandaio, tous quatre contemporains et de la même famille; leur nom propre est Corradi, auquel on a ajouté celui de Ghirlandaio, à cause de la profession de leur père. L'aîné des trois fils de ce dernier, Domenico Corradi, peintre et excellent ouvrier en mosaïque, contribua beaucoup au perfectionnement de cet art, et au développement des talens d'un grand nombre d'artistes, à la tête desquels on remarque Michel-Ange Buonarotti. A cette époque on commença à faire quelques progrès dans l'art d'imiter la nature et dans l'étude de la perspective, par le moyen de laquelle Domenico Ghirlandaio trouva la manière de bien disposer ses figures et ses groupes, et de donner de la profondeur à sa composition; il acquit aussi une grande correction de dessin. Ayant été employé avec d'autres à la décoration de la chapelle Sixtine, il y peignit une *Résurrection de Notre-Seigneur,* qui a été détruite, et *la Vocation de S. Pierre et de S. André,* qu'on y voit encore. Il fut un des premiers à supprimer cette profusion d'ornemens et de broderies en or que ses prédécesseurs avaient mis en vogue; et s'il les employa quelquefois, ce fut avec discrétion. Il a produit plusieurs autres tableaux décrits et cités avec éloge par Vasari. Ses ouvrages sont très-nombreux et répandus dans toute l'Italie, notamment à Rome, à Rimini, à Pise, aux ermites di Pietra-Santa, aux Camaldules de Volterre, où il a exécuté, outre les peintures du réfectoire, un S. Romuald, gravé par Diane de Mantoue. Domenico Corradi était né en 1441; il mourut en 1495. Ridolfi son fils, qui était alors trop jeune pour avoir pu être son élève, reçut quelques leçons de David son oncle. Comme nous donnerons dans ce volume le trait d'un tableau de Ridolfi, nous lui réservons un article particulier. Quant à David, il s'appliqua spécialement à la mosaïque. Le plus jeune des trois frères, et l'auteur du tableau dont nous donnons ici la gravure, Benedetto, pour éviter les effets de la jalousie de Domenico, vint en France, y travailla beaucoup plus qu'en Italie, et retourna dans sa patrie jouir de la fortune et des honneurs qu'il avait acquis dans son voyage.

Le tableau de Benedetto, qui fait le sujet de cet article, intéresse plus par son ancienneté que par le mérite de l'exécution: il n'offre ni grâce ni beauté, et l'on y trouve un mauvais goût de dessin, des têtes incorrectes, et des draperies un peu dures, quoique assez bien modelées. Il est peint sur bois; les figures ont environ quatre pieds de proportion.

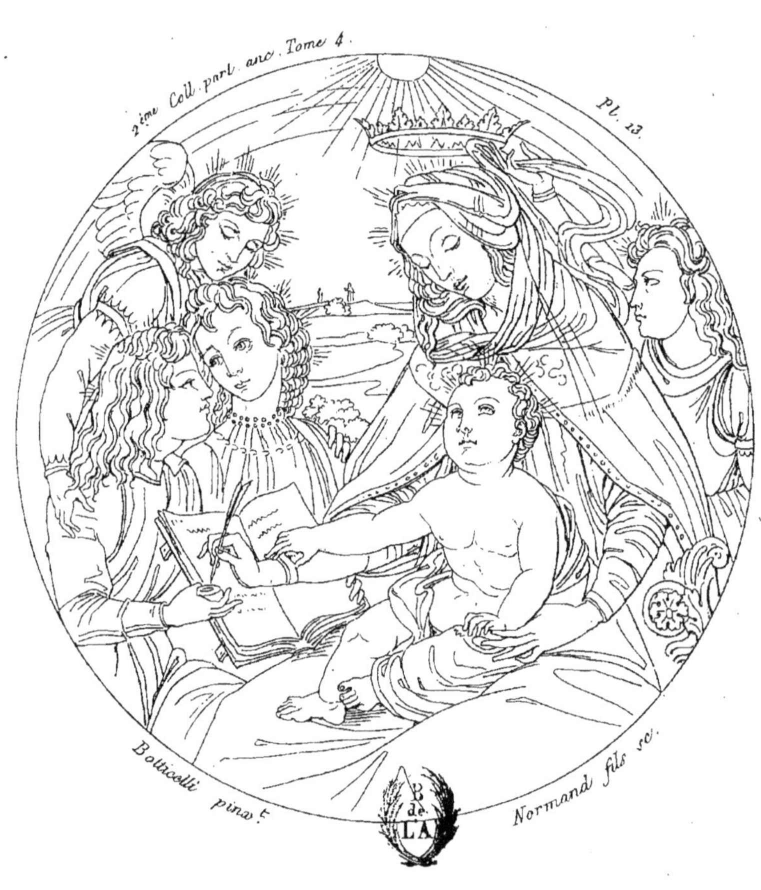
2ème Coll. part. anc. Tome 4.
Pl. 13.
Botticelli pinx.t
Normand fils sc.
B de L A

Planche 13.e — *La Vierge, l'Enfant Jésus et des Anges; tableau de* Botticelli.

Près d'une arcade d'où l'on découvre la campagne, l'Enfant Jésus, assis sur les genoux de la Vierge, tient une grenade; il dirige la main de sa mère, et paraît l'engager à inscrire au nombre de ses fidèles serviteurs les deux jeunes saints qui lui sont présentés par leur ange gardien. La couronne étoilée mise sur la tête de Marie par l'ange Gabriel est reflétée des rayons du soleil, symbole de la splendeur divine.

Sandro Filippi, peintre florentin, né en 1437, mis par son père en apprentissage chez l'orfévre Botticelli, dont il joignit le nom au sien, entra bientôt après dans l'école de Frà Lippi, religieux carme et peintre, qui le prit en amitié et développa ses talens. Ayant été choisi par le pape Sixte IV pour diriger les travaux de sa chapelle, il y exécuta avec succès plusieurs morceaux de peinture; entre autres, *la Tentation de Notre-Seigneur* et *Moïse luttant contre les bergers madianites.* Botticelli tient encore un rang parmi les graveurs de l'école florentine. Ayant terminé les travaux de la chapelle Sixtine, il retourna aussitôt à Florence : il se livra à la gravure, y consuma tout son temps, et en recueillit peu de fruit ; il était alors âgé d'environ trente-sept ans. On lui attribue les dessins de deux vignettes gravées par Baldini pour le poème de l'*Enfer* du Dante, imprimé à Florence par Nicolo di Lorenzo della Magna, en 1491; édition très-rare.

Ce tableau, le seul que le Musée possède de la main

de Botticelli, a toute la dureté et toute la sécheresse des peintures de cette époque : les contours en sont cernés, les carnations bises et monotones, les draperies d'un ton cru; les broderies, les auréoles dont toutes les têtes sont ornées, et jusqu'aux rayons du soleil, qui brille dans la partie supérieure du tableau, sont couchés d'or. Ce morceau est peint sur bois.

2ème Coll. part. anc. Tome 4. Pl. 14.

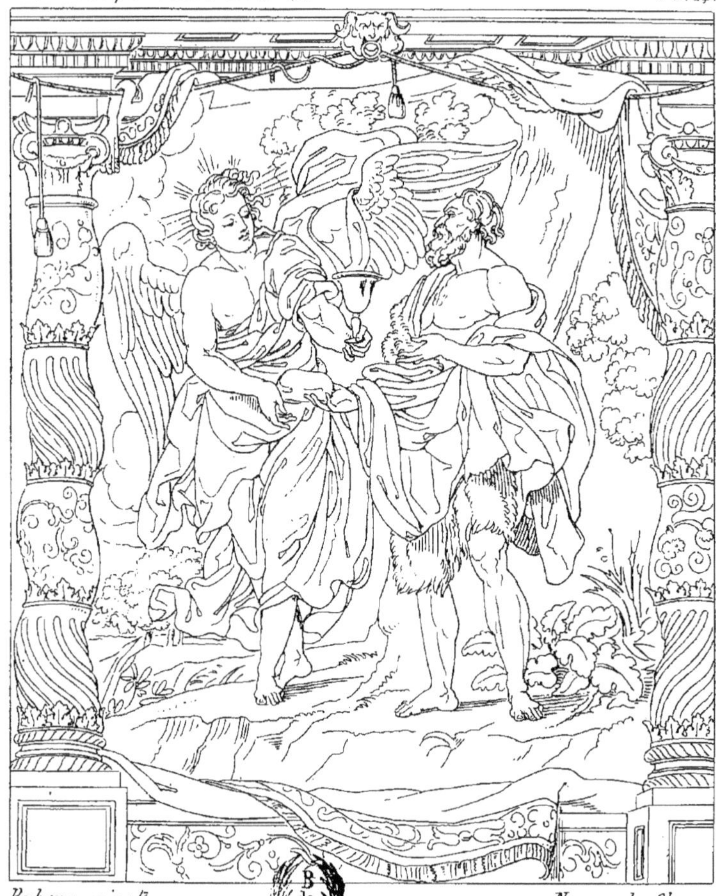

Rubens pinx.t Normand fils sc.

Planche 14.e — *Le Prophète Élie fuyant dans le désert; tableau de* Rubens.

Le prophète Élie, pour se soustraire à la vengeance de Jézabel, s'enfuit dans le désert, où il est secouru par un ange, qui lui apporte du pain et de l'eau.

Ce tableau, dont les figures ont environ dix pieds de proportion, et qui paraît peint sur une espèce de rideau, est censé former une tenture suspendue sous un entablement, entre deux colonnes d'ordre composite. Ce morceau n'est pas le seul que Rubens ait exécuté dans ce genre; le Musée en possède un autre de la même hauteur, mais plus large que celui-ci, et dont le sujet est le Triomphe de la religion.

Outre ces deux morceaux, dont nous ignorons la destination primitive, on en a vu quatre autres exécutés dans le même goût, et qui faisaient, il y a environ dix ans, partie de la collection de M. le comte de Bourk à Paris. Nous les avons fait alors graver au trait, mais non pour faire partie de notre recueil. Il y a apparence que les six tableaux ont été demandés à Rubens pour être envoyés en Espagne; du moins c'est d'Espagne qu'ils ont été tirés à l'époque de la révolution. Celui qui représente le Triomphe de la religion a été apporté par le général Sébastiani, qui l'a cédé au musée du Luxembourg; il y a été exposé pendant quelque temps, avant d'être transféré au musée du Louvre. Pour l'introduire en France, on avait été obligé de le couper verticalement en deux pièces égales; elles ont été rapprochées avec beaucoup d'adresse, et la restauration n'a laissé aucune trace apparente.

Le tableau de *la Fuite du prophète Élie* est un des beaux ouvrages du maître : il n'a déployé dans aucun autre un goût de dessin plus nerveux, un coloris plus léger, une touche plus vive et plus brillante.

Stella pinx.t C. Normand sc.

Planche 15.e — *Minerve au milieu des Muses; tableau de* Jacques Stella.

Minerve, armée de la lance et du bouclier, et le casque en tête, vient visiter les Muses. On reconnaît les neuf divinités à leurs différens attributs. Ce morceau, exécuté dans les proportions d'un tableau de chevalet, provient de l'ancienne ménagerie du Roi à Versailles. On y trouve peu de nerf, peu de vivacité d'expression, peu de chaleur d'effet et de coloris : mais il n'est pas dépourvu de grâce; les formes ont une certaine élégance, et la netteté du pinceau le met au rang des productions les plus agréables d'un artiste qui fait honneur à l'école française.

Lorsque nous avons inséré dans les volumes précédens quelques compositions de Jacques Stella, nous n'avons donné qu'une notice très-succincte de la vie et des ouvrages de ce peintre; nous y ajouterons quelques détails. Après avoir demeuré quatre ans à Florence, il alla à Rome en 1623; il peignit plusieurs tableaux pour la canonisation de S. Ignace, de S. Philippe de Neri, de S.te Thérèse, de S. Isidore, et fit un grand nombre de dessins, qui ont été gravés, pour des thèses et des devises, et pour un bréviaire d'Urbain VIII. Il peignait en petit d'une manière très-agréable; on a vu de lui, dans la grandeur de la pierre d'une bague, un Jugement de Pâris d'une beauté surprenante pour la délicatesse du pinceau : mais il travaillait de préférence en grand, et ne faisait ces petits ouvrages que pour satisfaire quelques amateurs. Près de partir pour l'Espagne, où il devait être employé à la cour, il lui arriva une affaire fâcheuse, qui aurait pu le perdre, si son innocence n'eût pas été reconnue. Ses accusateurs furent punis. Pendant le peu de temps qu'il passa en prison, il dessina, pour se désennuyer, avec un charbon et contre le mur d'une chambre, l'image de la Vierge tenant son fils, et que l'on trouva si belle, que le cardinal François Barberini alla exprès la voir. Elle est restée long-temps dans le même lieu, avec une lampe allumée au-devant : les prisonniers allaient y faire leur prière. Cette anecdote a fourni le sujet d'un tableau qu'un de nos meilleurs peintres de genre, M. Granet, a exposé, il y a quelques années, au salon du Louvre.

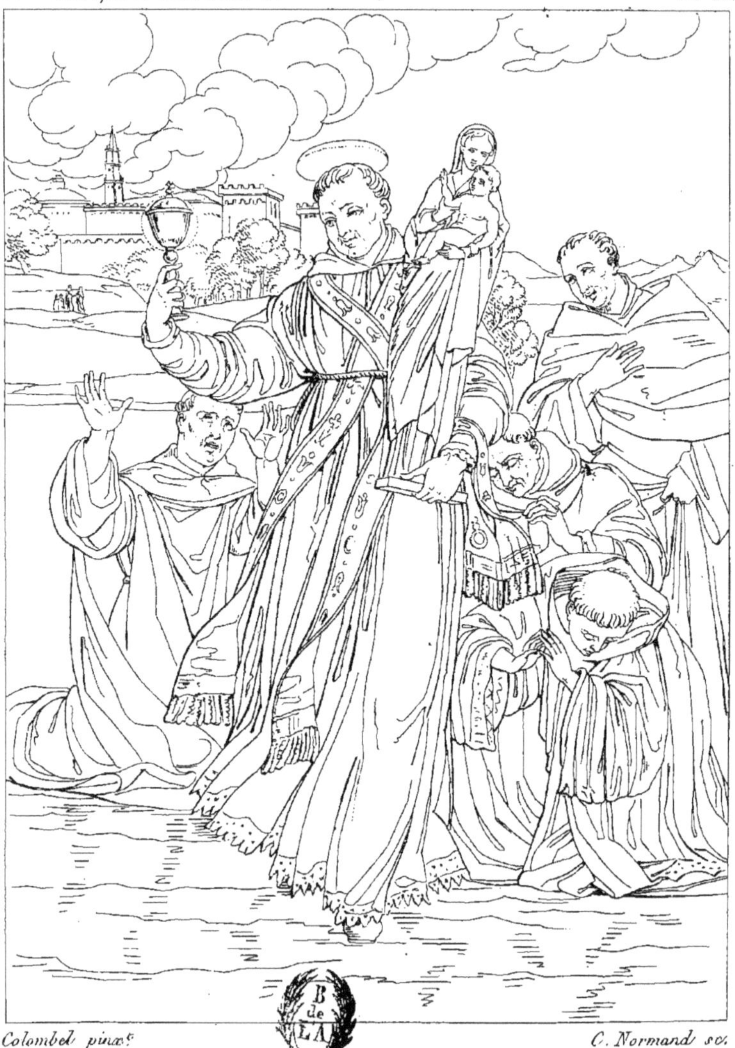

Colombel pinx.t C. Normand sc.

Planche 16.e — *S. Hyacinthe sauvant la statue de la Vierge, de la fureur des ennemis du nom chrétien; tableau de* Nicolas Colombel.

S. Hyacinthe, de l'ordre des frères prêcheurs, fuyait, revêtu de ses habits pontificaux, les Tartares qui faisaient le siége de Kiovie, et, selon les légendaires, il emportait avec lui le Saint-Sacrement, ainsi qu'une statue de la sainte Vierge, qui, par un effet miraculeux, devint très-légère entre ses mains. Ne trouvant ni pont ni bateau pour passer le Borysthène, il le traversa à pied, marchant sur le fleuve comme il eût fait sur la terre; et sa chape, qu'il avait étendue sur les eaux, porta à l'autre bord les religieux qui l'accompagnaient, et qu'il avait exhortés à s'y placer sans crainte.

Nous avons offert, dans un des volumes précédens, un tableau de Nicolas Colombel, représentant les Amours de Mars et de Rhéa-Sylvia, sur lequel l'artiste fut reçu académicien; les figures sont de moyenne proportion. Celles du tableau dont nous donnons ici l'esquisse, sont de grandeur naturelle; et, si l'on comparait ensemble les deux ouvrages, on croirait difficilement qu'ils sont de la même main, tant les deux manières sont différentes. Celui-ci est d'un grand goût de composition, noble et simple tout-à-la-fois, et d'autant plus conforme au sujet, que le sujet même ne semble pas exiger absolument cette chaleur d'expression et de pinceau qui manque en général aux productions de Colombel. Le tableau de S. Hyacinthe emportant l'image de la Vierge est peint largement, et rappelle sous plus d'un rapport l'école de Rome, où cet artiste fit un long séjour; il y copia même différens chefs-d'œuvre des grands maîtres. Il est possible que ce morceau, que nous regardons comme son meilleur ouvrage, mais que nous ne voyons cité par aucun historien, ait été peint en Italie, ou immédiatement après le retour de Colombel en France : ceux qu'il a exécutés depuis sont dans un tout autre style. Parmi ces derniers on distingue un Orphée jouant de la lyre, Moïse sauvé des eaux, Moïse défendant les filles de Jéthro, et Jésus guérissant les deux aveugles de Jéricho. Colombel fut principalement employé à la décoration des appartemens de Versailles

---

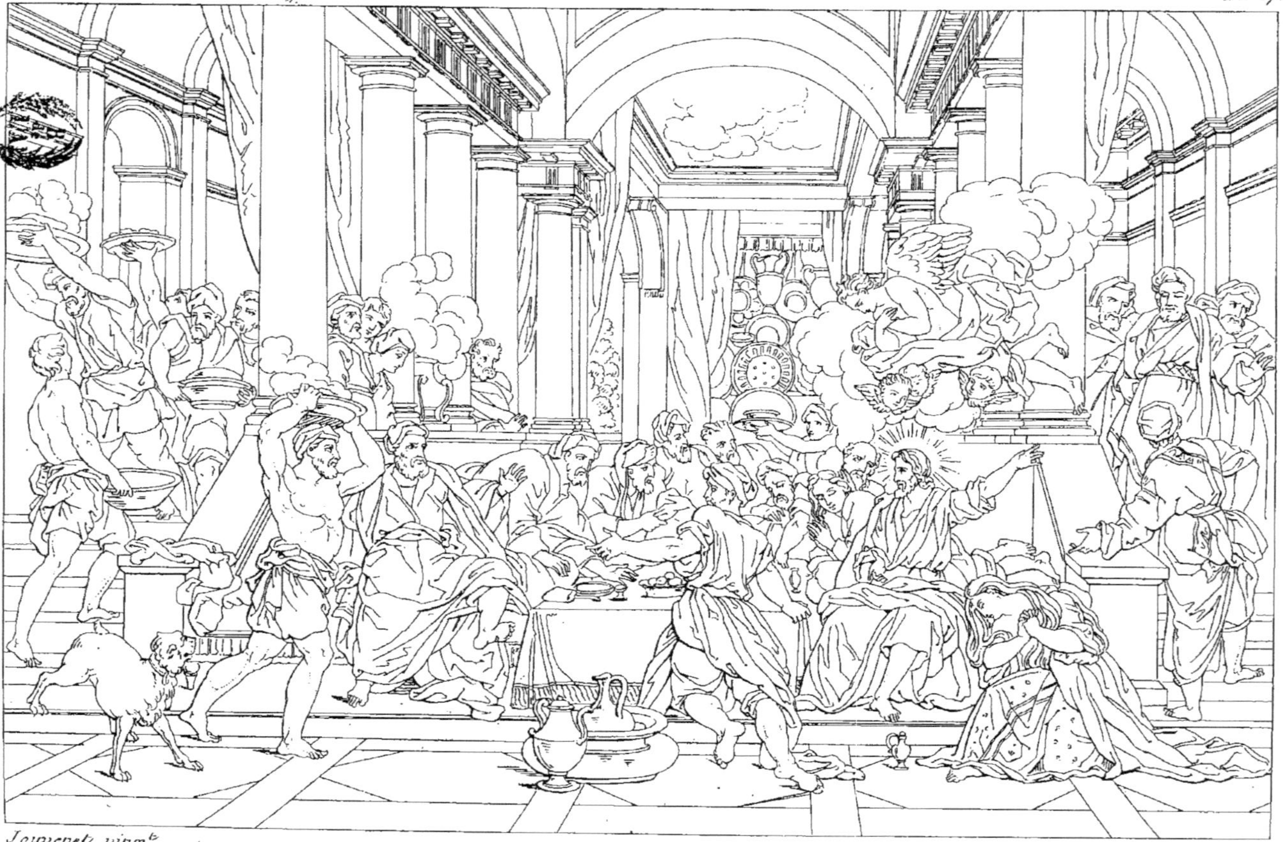

Jouvenet pinx.t

C. Normand sc.

Planche 17.e — *La Madeleine aux pieds de Jésus-Christ chez Simon le Pharisien; tableau de* Jouvenet.

Jouvenet, ayant été chargé de peindre quatre grands tableaux pour l'église de l'abbaye de Saint-Martin à Paris, choisit quatre sujets susceptibles d'un grand effet et d'une riche ordonnance, savoir : la Résurrection de Lazare, dont nous avons précédemment donné le trait; la Pêche miraculeuse, les Vendeurs chassés du temple, et le repas chez Simon le Pharisien : les deux derniers ont été accordés au musée de Lyon. Il serait à desirer que cette belle suite ne fût pas morcelée, et que le Musée royal fût remis en possession des deux tableaux qu'il a perdus, au moyen d'un échange qui ne pourrait qu'être avantageux à celui de Lyon, s'il se composait d'un certain nombre de morceaux de différentes écoles et de différens genres.

N'ayant eu l'occasion de parler de Jouvenet que d'une manière très-succincte dans les articles précédens, nous avons omis de dire qu'à l'âge de soixante-neuf ans une paralysie qui lui affecta le côté droit, le mit hors d'état de travailler : il épuisa vainement pour sa guérison toutes les ressources de la médecine. Enfin un jour, ayant essayé de se servir de la main gauche, il ne vit pas sans étonnement cette main, qui n'avait pas l'habitude d'obéir, exécuter assez fidèlement sa pensée; le fréquent usage qu'il en fit dans la suite, le mit en état de reprendre ses travaux. C'est de la main gauche que Jouvenet a peint le plafond de la seconde chambre des enquêtes du parlement de Rouen, et son fameux tableau du *Magni-*

ficat pour le chœur de Notre-Dame de Paris. Il n'eut pas la satisfaction de le voir en place; il mourut peu de jours après l'avoir terminé. Jouvenet, l'un des plus grands peintres de notre école, est en même temps l'un des plus féconds; on compte environ soixante morceaux capitaux de sa main et de la plus grande proportion, tels que des plafonds, des tableaux d'autel, &c.

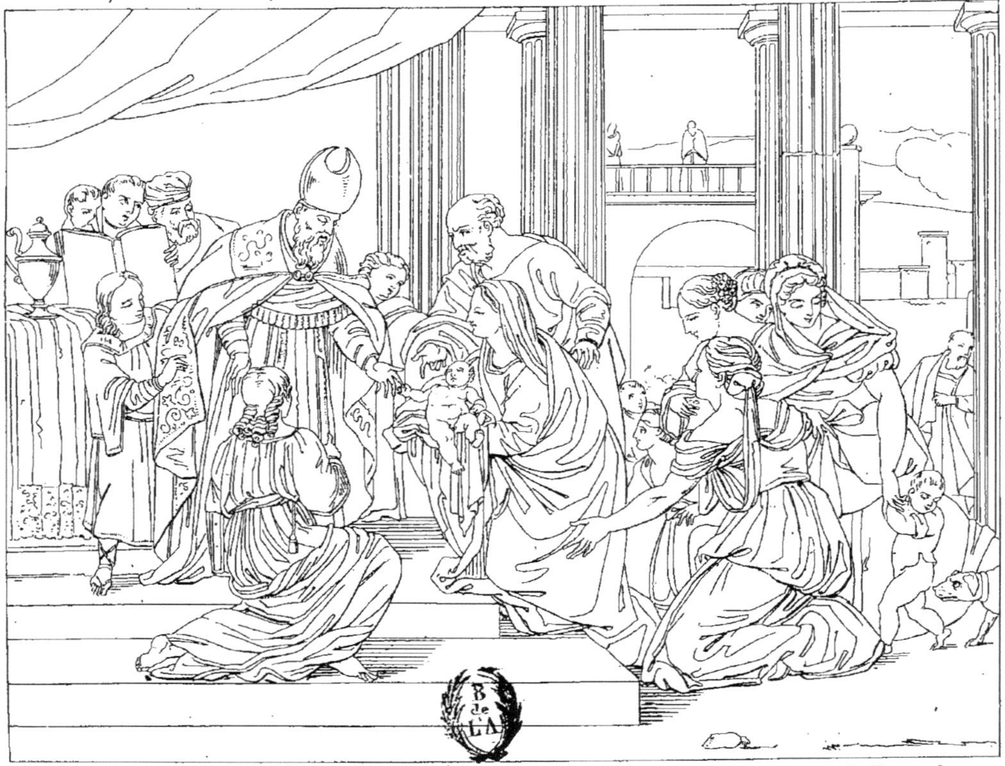

Luca Giordano pinx.to

C. Normand sc.

Planche 18.e — *La Présentation de Jésus au Temple; tableau de* Luca Giordano.

Nous avons dit, en parlant de Luca Giordano, que ce peintre, doué d'une imagination brillante, et sur-tout d'une prodigieuse facilité de pinceau, avait abandonné la manière peu gracieuse, mais grande et forte, de Ribera, son premier maître, pour le style fleuri, mais incorrect, de Pietre de Cortone. Un changement aussi subit est d'autant plus surprenant, que Luca Giordano avait étudié à Florence les ouvrages de Michel-Ange et ceux d'Andrea del Sarto; il se vantait même d'avoir dessiné douze fois les chambres et les loges du Vatican, et vingt fois la Bataille de Constantin, d'après Raphaël : mais ce peintre, qui semblait né plutôt pour relever l'école napolitaine que pour en hâter la décadence, comme il l'a fait réellement par les exemples qu'il donna à ses élèves, était sans doute excité par le desir de produire un grand nombre d'ouvrages, et non par l'amour de la perfection; plus sensible peut-être au gain et à l'attrait d'une réputation prématurée, qu'à une gloire solide et aux éloges de la postérité. Le nombre des tableaux qu'il a peints dans plusieurs villes d'Italie et d'Espagne, est prodigieux : sa fortune devint immense; mais il sut en faire un usage honorable; il se montra généreux envers ses élèves, auxquels il était fort attaché, et peignit gratuitement pour plusieurs églises des tableaux d'autel et même des coupoles. Lorsqu'il était en Espagne, son humeur vive et ses reparties spirituelles amusaient toute la cour. La reine, lui demandant un jour des nouvelles de sa famille, voulut avoir une idée de la figure de sa femme; Luca Giordano la peignit sur-le-champ dans le tableau qui était devant lui, et la montra à la reine, qui fut flattée de cette surprise. Aussitôt cette princesse détacha son collier de perles, et le remit à l'artiste pour le donner de sa part à sa femme.

On dit que Giordano fut la cause innocente de la mort de Carlo Dolci; ce peintre, qui finissait trop ses ouvrages, et qu'un travail assidu jusque dans sa vieillesse n'avait point enrichi, mourut de chagrin de ce que Luca lui reprochait d'avoir inutilement employé son temps.

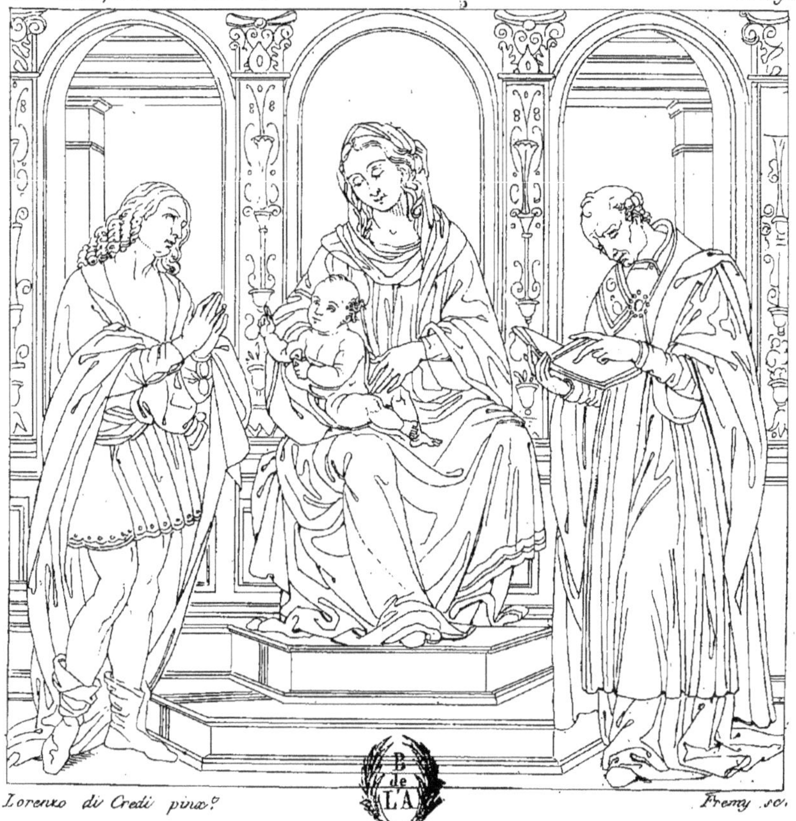

Lorenzo di Credi pinx.t Fremy sc.

Planche 19.e — *La Vierge sur son trône; tableau de* Lorenzo di Credi.

La Vierge est assise sur un trône élevé dans un vestibule décoré de pilastres chargés d'ornemens. Elle présente l'Enfant Jésus à l'adoration de S. Jean l'Hospitalier. De l'autre côté, S. Nicolas, évêque de Myre, paraît occupé de la lecture des livres saints.

Lorenzo Sciarpelloni, né à Florence vers l'an 1443, fut placé par son père chez Credi, orfévre; le nom du maître fut ajouté à celui de l'élève. L'amour de la peinture le fit entrer dans l'atelier d'André del Verrochio, où il devint l'émule de Pierre Pérugin et de Léonard de Vinci. Il est mort après l'année 1531.

Élevé à la même école que Léonard de Vinci, Lorenzo s'était nourri des mêmes principes, était soigné et recherché comme lui dans l'exécution de ses ouvrages; mais il n'atteignit pas le moelleux qui distingue les peintures modernes. Lorenzo avait copié, entre autres, un tableau de Léonard, qui fut envoyé en Espagne; et il l'avait imité si parfaitement, qu'il était impossible de distinguer la copie d'avec l'original. Il peignit, pour différens amateurs, des sujets de Sainte Famille, dont la grâce et l'élégance rappelaient la manière de Léonard de Vinci, qu'il s'était proposé pour modèle. Lanzi cite un tableau de Lorenzo dont il avait fait l'acquisition, et qui représente la Vierge assise, tenant dans ses bras l'Enfant Jésus, et ayant à ses côtés le petit S. Jean; elle se détourne pour adresser une réprimande à cet enfant, qui est intimidé et paraît vouloir se cacher. Cette idée accessoire, mais un peu puérile, quel que puisse être l'agrément du pinceau qui l'a rendue, s'éloigne beaucoup trop de la noble simplicité du sujet. Lorenzo Credi a fourni une longue carrière, et cependant il a laissé peu d'ouvrages, parce qu'il était long-temps sur le même tableau, et qu'il prenait plaisir à le bien finir. Vasari cite principalement celui dont nous donnons ici la gravure; il en parle comme d'un morceau exécuté avec une recherche inimitable. Il était placé de son temps à Castello, d'où il fut transporté à *Santa-Maria-Maddalena de' Pazzi*, et placé à main droite dans la première chapelle. Cette église a été supprimée. Lorenzo peignit encore à *Santa-Chiara* un tableau de la Crèche; c'est, dit-on, le chef-d'œuvre de l'artiste pour la beauté des airs de tête, la vivacité de l'expression, le fini du paysage, et la perfection du coloris.

Beltraffio pinx.t Fremy sc.

Planche 20.e — *La Vierge et l'Enfant Jésus, et deux Donateurs; tableau de* Beltraffio.

La Vierge et l'Enfant Jésus reçoivent l'hommage de deux donateurs. Le plus âgé, présenté par S. Jean Baptiste, est Girolamo Cesi ou da Cesio; l'autre est Giacomo, son fils, qui, en qualité de poète, a la tête ceinte d'une couronne de laurier; près de lui est S. Sébastien attaché à un arbre. Ce tableau, placé d'abord dans la chapelle qui appartenait à la famille Cesi dans l'église *della Misericordia*, près de Bologne, avait été depuis transporté dans le musée de Brera à Milan. Il a été acquis pour le Musée royal, moyennant un échange.

Gio Antonio Beltraffio, né en 1467, mort en 1516, était un gentilhomme milanais, qui ne donnait à l'exercice de la peinture que les momens de loisir que lui laissaient des occupations plus sérieuses. Il fit quelques ouvrages à Milan; mais le meilleur est celui qui fait le sujet de cet article. Il le fit à Bologne, pour l'église *della Misericordia*. Il l'avait signé de son nom et de celui de Léonard de Vinci, son maître, avec la date de 1500; l'inscription a été effacée. Cette inscription avait fait croire à quelques personnes que l'ange jouant du luth était de la main de Léonard; mais cette opinion n'a pas paru incontestable à Malvasia et à Baldinucci. Ce tableau, peint sur bois, est regardé par Vasari comme le plus parfait de Beltraffio. Lanzi ajoute que c'est le seul qui soit authentiquement reconnu pour être de ce maître; il fait remarquer le choix des têtes, la sage disposition des figures, et la fonte des couleurs. Si le dessin en est plus sec que celui des élèves de Léonard, il attribue ce défaut aux premières études de l'artiste sous des maîtres milanais, encore attachés au goût du XIV.ᵉ siècle.

Nous sommes loin de récuser ces différentes autorités; mais il nous semble que la rareté des ouvrages de Beltraffio fait le principal mérite de celui-ci. Il y a, à la vérité, beaucoup de naturel dans les caractères, et de naïveté dans le coloris, quoiqu'il soit un peu bis et égal; mais le dessin est pauvre, incorrect, et les contours sont secs et cernés. Au reste, le tableau frappe au premier aspect par une certaine franchise de ton et par la netteté des masses.

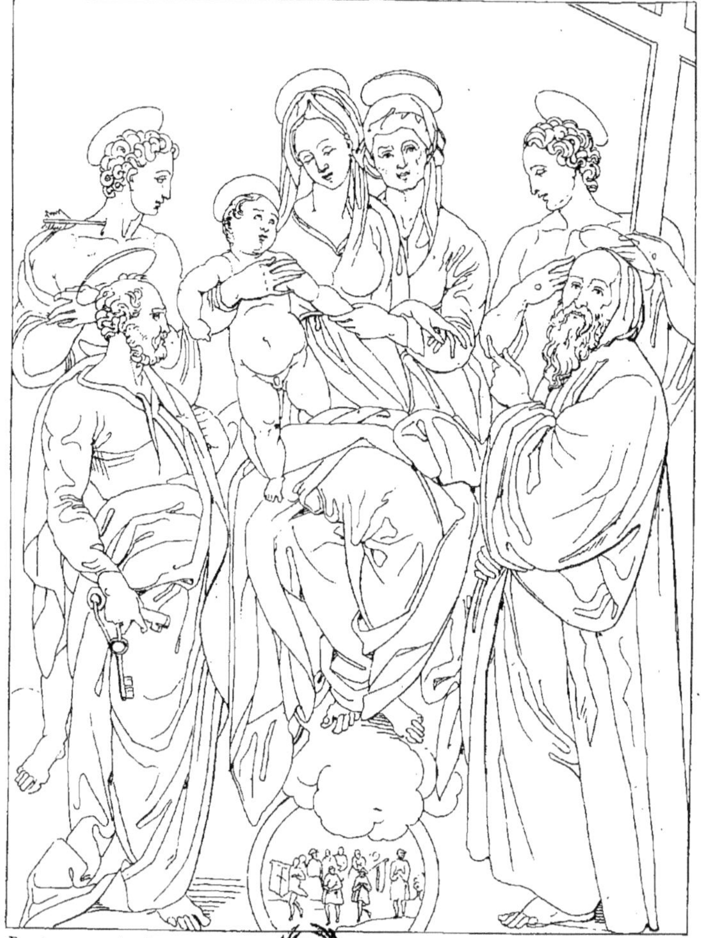

Pontormo pinx.t Fremy sc.

Planche 21.e — *La Vierge assise sur les genoux de Ste Anne; tableau de* Pontormo.

La Vierge, assise sur les genoux de Ste Anne, soutient l'Enfant Jésus. Elle est accompagnée de S. Sébastien, du prince des apôtres, de S. Benoît, et du bon larron. Dans un médaillon placé sous les pieds de la Vierge, le peintre a représenté la seigneurie de Florence allant, le 26 juillet, porter à l'église de *Santa-Anna sul Prato* l'offrande que la commune, en 1343, avait arrêté de faire chaque année, pour rappeler qu'à pareil jour, fête de Ste Anne, le duc d'Athènes, qui s'était injustement emparé du gouvernement de la république de Florence, en avait été chassé. Ce tableau, peint sur bois, fut exécuté pour le capitaine et les officiers du palais à Florence, et placé sur le maître-autel de *Santa-Anna sul Prato*, église supprimée. Le Musée ne possède pas d'autre tableau de ce maître.

Jacopo Carrucci, à qui l'on a donné le surnom de Pontormo, du lieu de sa naissance, situé dans le Florentin, naquit en 1493; jeune encore, il perdit son père, et étudia successivement sous Léonard de Vinci, Mariotto Albertinelli, Pier di Cosimo et Andrea del Sarto. Ce dernier maître fut jaloux de son talent, et, voyant en lui plutôt un rival qu'un élève, l'obligea par ses manières dures à s'éloigner volontairement. Le Pontormo était né avec du génie, et ses premiers ouvrages obtinrent les éloges de Raphaël et de Michel-Ange; mais une inconstance naturelle le fit souvent changer de style, arrêta ses progrès, et nuisit à la réputation qu'il s'était d'abord acquise. Ses ouvrages présentent trois manières distinctes : la première offre un dessin correct, un coloris vigoureux ; c'est celle qui se rapproche le plus d'Andrea del Sarto : la seconde, encore soutenue par un bon dessin, mais faible de coloris, paraît avoir servi de modèle au Bronzino et à d'autres peintres d'une époque postérieure : la troisième est une véritable imitation de celle d'Albert Durer, non-seulement pour la composition, mais pour les têtes et les draperies, manière vraiment indigne de celle que le Pontormo avait adoptée dans le principe ; mais il avait puisé celle-ci dans les estampes d'Albert Durer, pour lesquelles il s'était passionné. On pourrait même citer comme productions d'un quatrième style, si elles existaient encore, les peintures qu'il exécuta à *San-Lorenzo ;* elles représentaient le Déluge et le Jugement universel. Le Pontormo eut la prétention de rivaliser avec Michel-Ange, en affectant ce goût de dessin nerveux et exagéré qui commençait à dominer dans l'école de Florence.

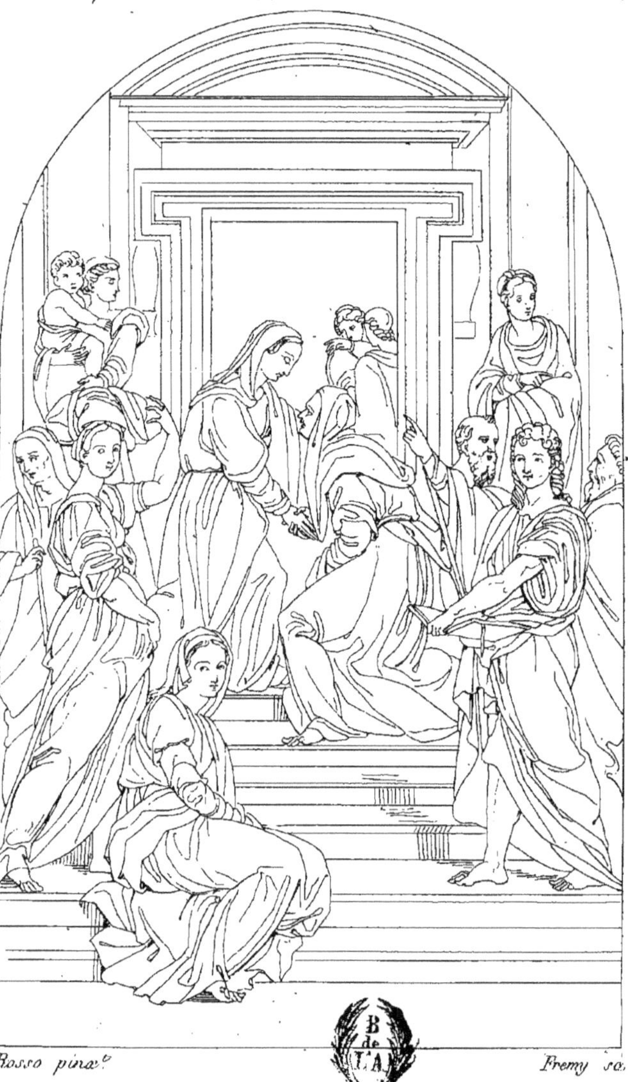

Rosso pinx.t Fremy sc.

Planche 22.e — *La Vierge reçoit la visite de Ste Élisabeth; tableau de* Rosso.

La Vierge est arrivée à la demeure de Zacharie, située à Hébron, ville de la tribu de Juda. Là, en présence de plusieurs personnages, elle reçoit les hommages respectueux de Ste Élisabeth. Derrière la mère du précurseur, S. Joseph, appuyé sur un bâton, paraît rendre compte à un vieillard de l'objet du voyage. Le peintre a supposé que Zacharie était jeune; il l'a représenté debout, sur la seconde marche de l'escalier qui conduit à son habitation, et tenant un grand livre ouvert, emblème qui sert à le faire reconnaître.

Nous avons eu précédemment l'occasion de parler des ouvrages de Rosso, artiste justement célèbre, mais plus ingénieux que profond, malgré ses prétentions à la science anatomique, qu'il ne possédait que d'une manière imparfaite: néanmoins on ne peut disconvenir, comme nous l'avons déjà fait observer, que ses compositions n'aient un certain caractère de grandeur, et que ses têtes ne se fassent admirer par une expression pleine de noblesse et d'énergie. Malheureusement il s'est trop peu asservi à l'étude de la nature, et, par l'effet de son impatience habituelle, il travailla toujours de pratique, croyant peut-être ne travailler que d'inspiration.

Le Rosso, plus connu sous le nom de maître Roux, ayant obtenu du roi François Ier la direction de tous les embellissemens de Fontainebleau, se mêlait de donner tous les dessins des ouvrages de peinture, de sculpture et d'orfévrerie; mais il eut un concurrent dans la personne de Benvenuto Cellini, joaillier et sculpteur florentin. Le Roi avait ordonné à Benvenuto une statue colossale pour une fontaine. Cet artiste ayant négligé de faire voir son modèle à la duchesse d'Étampes, maîtresse de François I.er, avant de le montrer au monarque, cette dame lui fut toujours contraire, et favorisa maître Roux. Elle empêcha le Roi d'aller voir, pendant le jour, dans la galerie de Fontainebleau, un Jupiter de la main de Cellini, qu'elle avait fait mettre exprès à côté des belles figures antiques qui avaient été envoyées de Rome. Le sculpteur, qui s'aperçut de l'artifice, conçut, aux approches de la nuit, l'idée d'éclairer la figure avec un flambeau placé au-dessus; ce qu'il exécuta. La duchesse et le Rosso furent surpris du grand effet que produisait la lumière, et ne purent empêcher le Roi et toute la cour de combler de louanges Cellini. Dans la suite, maître Roux, aidé de la duchesse d'Étampes, trouva le moyen de nuire à son rival, et parvint même à le faire congédier.

Bonini pinx.t Frenay sc.

Planche 23.e — *Le Christ flagellé, adoré par les Anges; tableau de* Bonini.

Un ange soutient le Christ flagellé et couronné d'épines; deux autres sont en adoration et gémissent de ses souffrances. A genoux sur le premier plan, S. Bonaventure montre au spectateur l'état déplorable du divin Sauveur. Du côté opposé, l'on voit S. Sébastien attaché à une colonne et percé de flèches.

Sous le rapport de la composition, ce sujet est présenté d'une manière un peu bizarre, et l'exécution n'en est ni assez correcte ni assez précieuse pour racheter ce défaut essentiel; mais le coloris a un certain éclat, et la touche annonce une main exercée. Les figures sont de grandeur naturelle.

Girolamo Bonini, dit *l'Aconitano,* du nom d'Ancône, sa patrie, fut l'élève et l'ami de l'Albane : il vivait en 1660, année de la mort de son maître; on ignore s'il lui a long-temps survécu. Bonini fut un de ses plus fidèles imitateurs. On voit à Bologne quelques tableaux d'histoire qu'il y a peints à fresque, et où l'on retrouve le style et le goût de l'Albane.

Ce dernier, pendant plusieurs années, tint son école à Rome et à Bologne, et toujours en concurrence avec le Guide, dont les élèves censuraient amèrement son style, prétendant qu'il était mou et sans nerf, dépourvu d'élégance dans les figures d'hommes, monotone dans les enfans, qui semblaient tous dessinés sur le même modèle, et dans les têtes d'anges et de vierges, où l'on ne trouvait aucune variété de formes et de caractères.

Mais toutes leurs critiques servaient moins à déprécier un si grand maître, que ses écrits et ses élèves ne contribuaient à augmenter l'estime que lui portait Annibal Carrache. Nous ne possédons de ces écrits que quelques fragmens conservés par Malvasia : ils sont sans suite et sans ordre; mais ils sont précieux pour les notices et les excellens principes qu'ils renferment.

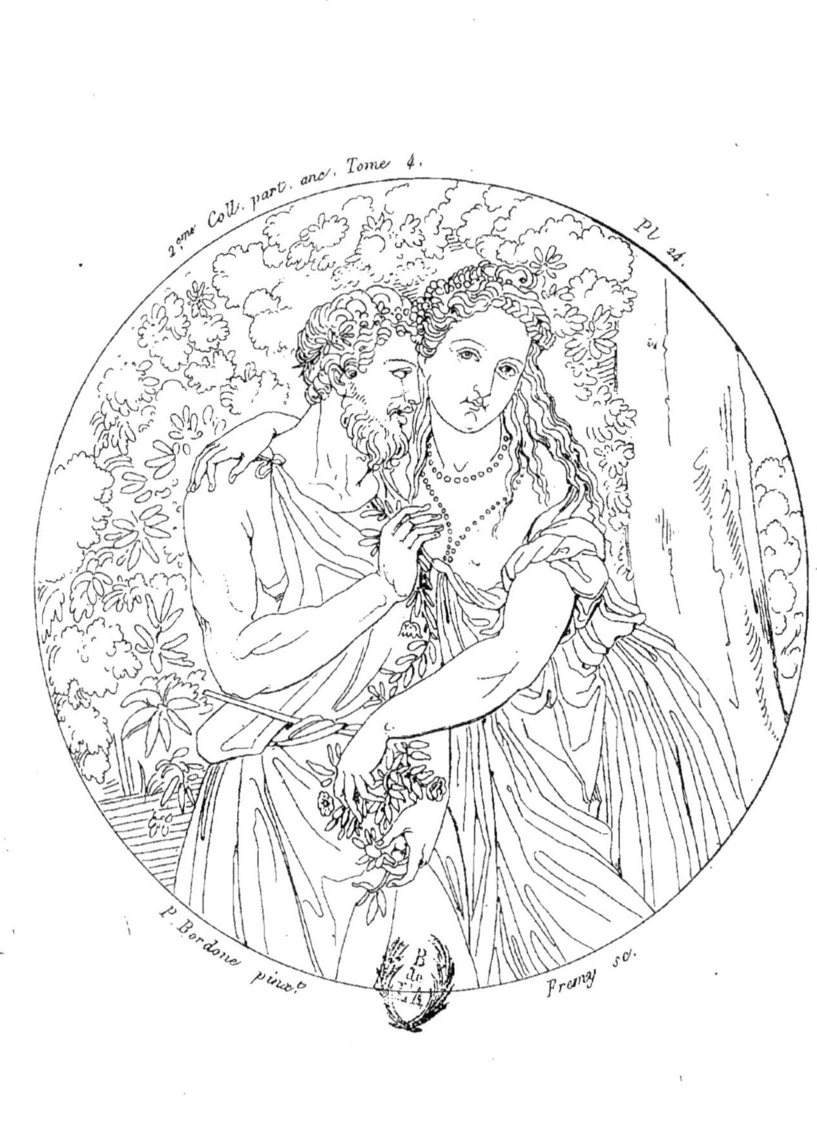
2.eme Coll. part. anc. Tome 4.
Pl. 24.
P. Bordone pinx.t
Fremy sc.

Planche 24.e — *Vertumne et Pomone; tableau de* Pâris Bordone.

La peinture embrasse tant de parties, dont la moindre demanderait plusieurs années d'application et d'étude, qu'il ne faut pas s'étonner que les plus grands peintres ne les aient jamais possédées toutes dans une égale perfection. Cependant, comme le principal but de l'artiste est de représenter les objets naturels sur une superficie plate, et qu'il ne peut y parvenir que par le moyen des couleurs, des ombres et des jours, employés judicieusement avec l'aide du dessin, qui doit toujours être son guide, il est certain que ceux qui se sont rendus bons coloristes ont fait un grand progrès et sont entrés bien avant dans le secret de l'art. C'est ce qui distingue particulièrement le Titien et ses disciples, parmi lesquels Pâris Bordone est considéré comme celui qui a eu le plus de réputation. Fils d'un gentilhomme de Trévise, il joignit à l'avantage de la naissance le don du génie, et les divers talens que procure une éducation soignée. Il ne passa que peu de temps à l'école du Titien, et s'appliqua avec beaucoup d'ardeur à imiter la manière du Giorgion : il acquit un coloris qui peut-être ne le cède point à celui de ses deux maîtres. Il fut employé à plusieurs ouvrages considérables, tant à Venise que dans plusieurs autres villes d'Italie. Son tableau de *l'Anneau de S. Marc* ou de *l'Aventure du pêcheur* (1), qu'il peignit

(1) Ce tableau a été exposé au Musée, et rendu aux puissances alliées en 1815. Il a été gravé.

pour les confrères de l'école de Saint-Marc de Venise, passe pour son meilleur ouvrage. Cependant Bordone, voyant que, de quelque estime qu'il jouît dans sa patrie, sa fortune n'en était pas meilleure, résolut de la quitter, et d'aller travailler dans quelque autre pays. Ayant heureusement trouvé l'occasion de venir en France au service de François I.er, il y arriva en 1538, et se mit aussitôt à faire pour ce prince les portraits de plusieurs dames de la cour, et quantité d'autres ouvrages. Il travailla aussi pour le duc de Guise et pour le cardinal de Lorraine. Quelque temps après il retourna à Venise, et finit ses jours dans l'aisance, généralement estimé. Il était né en 1500; il mourut en 1570.

Le tableau de *Vertumne et Pomone*, dont nous donnons ici le trait, mérite des éloges sous le rapport du coloris : mais le dessin manque de finesse, les caractères sont communs, et l'expression n'en est rien moins que poétique.

REGINA CÆLI LÆTARE

Van Thulden pinx.t C. Normand sc.

Planche 25.ᵉ—*Jésus, après sa résurrection, apparaît à la Vierge Marie; tableau de* Van Thulden.

Notre Seigneur, après sa résurrection, accompagné de plusieurs saints personnages, et d'un ange qui porte un étendard déployé, apparaît à sa mère, aux pieds de laquelle sont les instrumens de la passion. Un ange, en soulevant le voile de la Vierge, découvre son visage. Le fond et le cintre du tableau offrent un concert nombreux d'esprits célestes portés sur des nuages et jouant de divers instrumens.

Cette grande composition, du genre mystique, se distingue plutôt par la disposition pittoresque des différens groupes, par son effet lumineux, par la finesse du ton local et la facilité du pinceau, que par les beautés d'un ordre supérieur qui devraient caractériser un sujet de cette nature; mais Van Thulden a généralement peu d'expression, et ce n'est pas à l'école de Rubens, son maître, qu'il aurait pu acquérir la noblesse et la correction du dessin.

Théodore Van Thulden, né à Bois-le-Duc en 1607, fut admis de bonne heure au nombre des disciples de Rubens, et, par une étude et une application très-assidues, il ne tarda pas à acquérir un talent remarquable dans le genre historique. Cependant son goût naturel le portait à représenter des sujets plus rians et plus variés, tels que des foires et des fêtes de village. Rubens ayant été appelé à Paris pour peindre la galerie du Luxembourg, Van Thulden eut l'avantage de l'accompagner, et de l'aider dans cet immense travail. Ce fut quelques années ensuite que Van Thulden fut chargé de peindre, au-dessus des stalles du chœur des Mathurins à Paris, l'histoire de S. Jean de Matha en vingt-quatre tableaux, dont les figures avaient environ deux pieds et demi de proportion. L'église a été détruite dans les troubles révolutionnaires; nous ignorons où ont passé les tableaux.

Van Thulden a orné des productions capitales de son pinceau les églises d'Anvers, de Gand, de Bruges, &c. Il gravait bien à l'eau-forte, soit d'après ses études, soit d'après celles de quelques autres maîtres : ce qu'il a fait de plus considérable en ce genre, c'est l'Entrée de Ferdinand, cardinal infant d'Espagne, dans la ville d'Anvers, où des arcs de triomphe avaient été élevés d'après les dessins de Rubens; il grava aussi les vingt-quatre sujets de la vie de S. Jean de Matha que nous venons de citer, et la galerie du Primatice à Fontainebleau, représentant les Aventures d'Ulysse en cinquante-huit pièces. Ces peintures, exécutées à fresque, ne subsistent plus.

On ignore l'année de la mort de Van Thulden; mais il vivait encore en 1662.

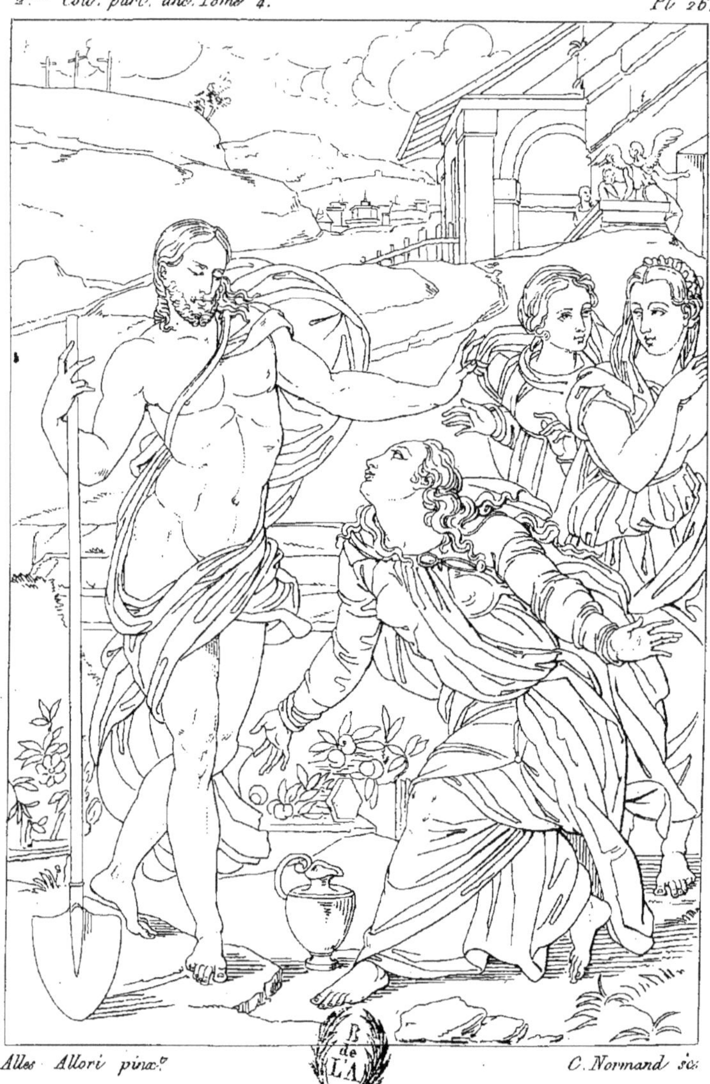

Alles. Allori pinx. C. Normand sc.

Planche 26.e — *Jésus-Christ apparaît à la Madeleine; tableau d'*Allori.

Après sa résurrection, Jésus apparaît à Marie-Madeleine, qu'il avait délivrée, pendant son séjour sur la terre, de la possession de sept démons. La sainte, qui l'avait pris pour un jardinier, se jeta à ses pieds quand elle l'eut reconnu. Le Sauveur lui dit : « Ne me touchez pas, car » je ne suis point encore monté vers mon père. » A la vue de Jésus, deux saintes femmes, placées près de la Madeleine, paraissent étonnées. Dans le lointain on aperçoit le Calvaire au milieu de la ville de Jérusalem. Dans le fond à droite on voit un ange près du sépulcre, annonçant à Marie-Madeleine que le Christ est ressuscité.

Vasari et R. Borghini ont parlé avec éloge de ce tableau; le dernier néanmoins fait quelques remarques critiques sur la composition, qu'il trouve peu conforme au récit de l'évangéliste S. Jean. Ce morceau a un aspect assez imposant, qu'il doit à la correction du dessin, ainsi qu'au mouvement des figures, auxquelles on peut cependant reprocher de l'affectation. De plus, il réunit à la finesse du coloris une grande fermeté d'exécution et d'effet. Les figures sont de grandeur naturelle. Il est peint sur bois, et provient de l'église supprimée de *San-Spirito* à Florence.

Neveu et élève du Bronzino, Alessandro Allori naquit à Florence en 1535. Tout entier à l'étude de la science anatomique, dans laquelle il avait fait de grands progrès, comme le prouvent les peintures de la tribune des Servites et le traité qu'il composa à l'usage des peintres, il négligea trop celle des autres parties de l'art. Cependant on voyait de lui, à Rome, de fort beaux tableaux de chevalet, et au musée de Florence un Sacrifice d'Isaac, colorié dans le goût de l'école flamande. Sous le rapport de l'expression, son tableau de *la Femme adultère* à *San-Spirito* peut donner de ses talens une idée favorable. Il excella dans le portrait; mais on lui reproche d'avoir adapté trop souvent des costumes modernes à des sujets anciens, défaut assez commun aux peintres de son temps. Il peignit beaucoup pour l'étranger, et fut honoré de l'estime de ses souverains, qui l'engagèrent à terminer les peintures commencées à Poggio et à Cajano par Andrea del Sarto, le Franciabigio et le Pontormo, qui étaient plus ou moins imparfaites. Il y a même laissé quelques morceaux de son invention, tels que le Jardin des Hespérides, la Cène de Siphax, et plusieurs sujets de l'histoire romaine, qui rappellent d'une manière allégorique différens traits de la vie de Côme et de Laurent de Médicis. Alessandro Allori mourut en 1607. Il eut pour élèves Cristofano Allori, son fils, et Gio Biselli.

Le Musée ne possède pas d'autre tableau de la main d'Allori, que celui dont nous donnons ici la gravure.

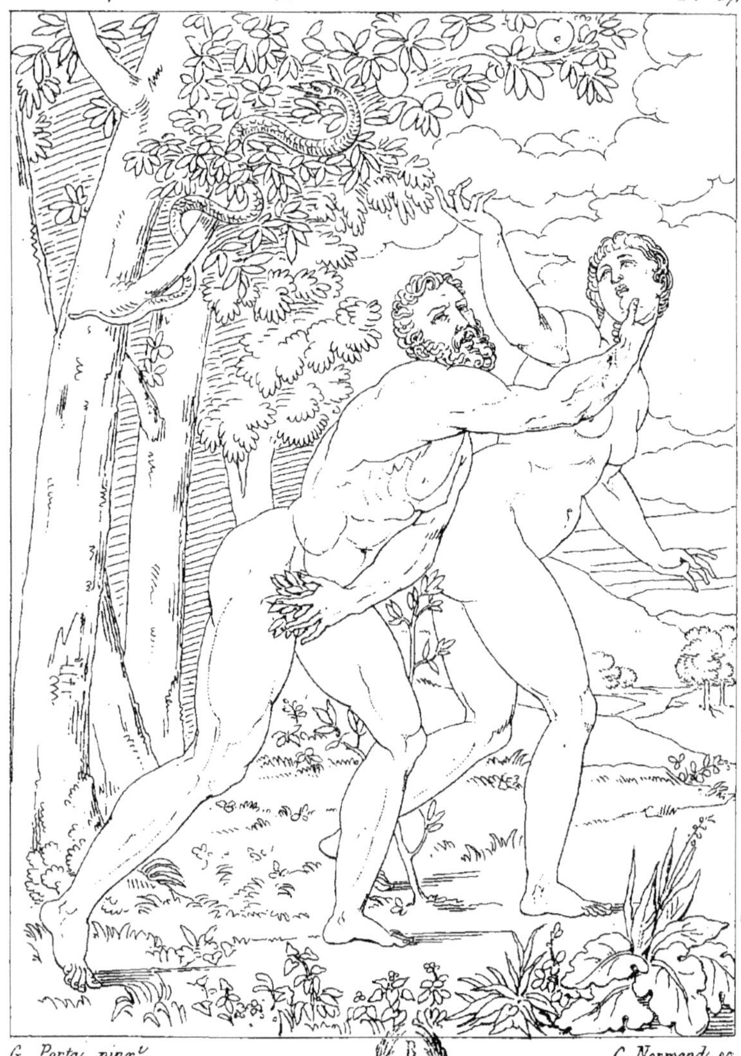

G. Porta pinx.t C. Normand sc.

Planche 27.e — *Adam et Ève chassés du Paradis terrestre ; tableau de* Giuseppe Porta.

Des attitudes singulières, des mouvemens forcés, un dessin soutenu, mais maniéré, une expression commune, tels sont les défauts les plus frappans de ce tableau, où l'artiste a cru mettre peut-être de la vigueur, du pathétique, de la grâce, de la dignité. Tout défectueux qu'il peut être sous tant de rapports, ce morceau n'est cependant pas dénué tout-à-fait de mérite; on y trouve un peu de ce grandiose qui distingue assez généralement les productions de l'école florentine. De plus, il est ferme de ton et d'effet, et touché franchement. Les figures sont de grande proportion. Le Musée ne possède pas d'autre tableau de Giuseppe Porta, qu'il ne faudrait pas juger sur cette seule production.

Ce peintre, né à Garfagnana en 1520, joignit à son nom celui de Francesco Salviati, de Florence, qui lui avait donné à Rome les premières leçons de dessin. Il vint avec son maître à Venise, où ce dernier peignit, dans le palais du patriarche Grimani, ce fameux tableau de Psyché, qui toutefois était accompagné de deux morceaux de la main de Porta. Francesco Salviati quitta bientôt cette ville; mais la raison qu'en donne Vasari, savoir, que ce pays n'est pas favorable aux grands dessinateurs, marque plus d'aigreur que de justice. Les succès de Porta, qui s'établit à Venise et y mourut, prouvent assez le contraire. Quoique élevé, pour le dessin, dans le style de l'école florentine, il s'attacha au coloris des peintres vénitiens, et sut se rendre agréable au Titien lui-même. Il fut choisi avec Paul Véronèse et d'autres artistes distingués, pour décorer la bibliothèque de Saint-Marc. Il fut continuellement employé à toute sorte de travaux à fresque ou à l'huile, exécutés soit dans des maisons particulières, soit dans des édifices publics, et fut enfin considéré comme un des plus habiles maîtres de son temps. Il a laissé différens tableaux d'autel, parmi lesquels on distingue une très-belle Assomption aux Servites de Venise; une Descente de croix à Murano, composition tout-à-fait originale, pleine d'expression, et d'une grandeur de caractère assez rare dans cette école. Porta a répété ce sujet, et l'on en voyait une copie dans la galerie du duc de Modène. Elle a passé depuis à Dresde.

Giuseppe Porta mourut à Venise en 1570. Dans le voyage qu'il fit à Rome avec Francesco Salviati, il avait été employé, avec plusieurs artistes, aux peintures de la *sala regia*, commencée sous le pontificat de Paul III.

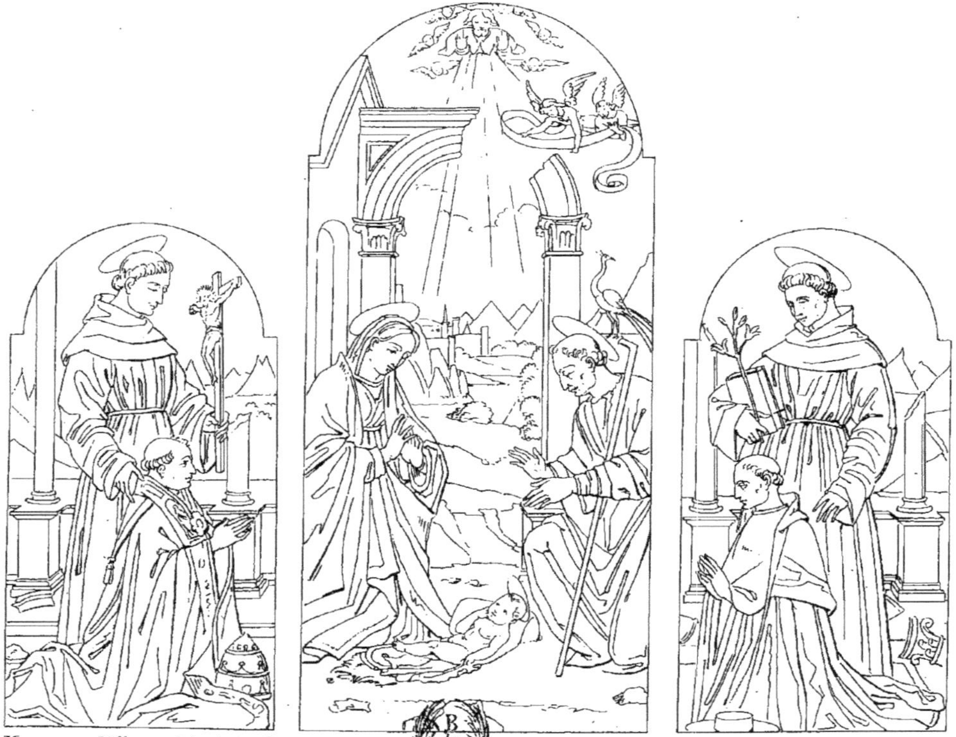

Massone d'Alessandria pinx.t

C. Normand sc.

Planche 28.e—*La Vierge et S. Joseph adorant l'Enfant Jésus; S. François d'Assise et le pape Sixte IV; S. Antoine de Padoue et le cardinal de la Rovère; trois tableaux dans un seul cadre, par* Massone d'Alessandria.

Le tableau du milieu, et le plus considérable des trois, représente la Vierge et S. Joseph adorant l'Enfant Jésus. On aperçoit, dans la partie cintrée, le Père éternel, accompagné d'un ange et de plusieurs chérubins, et dans le lointain le cortége des mages sortant de la ville de Bethléem. On lit sur le premier plan le nom du peintre : *Johannes Mazonus de Alexandria pinxit.*

Le tableau placé à gauche du spectateur offre S. François d'Assise debout, et le pape Sixte IV à genoux. Ce pontife, fils de Léonard de la Rovère, pêcheur au village de Cella, à cinq lieues de Savone, avait été lui-même pêcheur et marinier; s'étant fait cordelier, il devint général de son ordre. Paul II, à la recommandation du cardinal Bessarion, le fit entrer dans le sacré collége, sous le titre de Saint-Pierre-ès-liens. Élu pape en 1471, il mourut en 1484.

Le troisième tableau représente S. Antoine de Padoue tenant un livre et une tige de lis; près de lui est le cardinal Giuliano de la Rovère, neveu de Sixte IV. Il naquit à Savone en 1453, fut créé cardinal par son oncle en 1471, et monta sur le trône pontifical en 1503. Comme il avait l'esprit fort porté à la guerre, on a dit qu'il prit le nom de Jules II en mémoire de Jules-César. Il mourut en 1513.

Ces trois tableaux, peints sur bois, et réunis dans un seul cadre, ont été exécutés vers l'an 1490; ils étaient placés à Savone dans la chapelle sépulcrale qui avait été érigée par Sixte IV pour renfermer les cendres de sa famille. Lanzi a cité ce tableau. « Quoique l'histoire ne » fasse pas mention de Massone d'Alessandria, ajoute » le même auteur, il faut croire qu'il était regardé » comme un des meilleurs peintres de son temps, puis- » qu'il fut employé à un travail de cette importance, et » qu'il en fut noblement récompensé. » On lui donna cent quatre-vingt-douze *ducati di camera*, qui valent un peu plus que les autres ducats, et qui formaient alors une somme considérable. Massone vivait en 1490.

Ce tableau, exécuté avec soin, mais avec la sécheresse qui caractérise les productions de cette époque, est le seul que le Musée possède de ce maître. Selon l'usage très-ancien, mais qui était encore celui des peintres de son temps, Massone employa la sculpture et la dorure pour donner plus d'éclat et de magnificence à ses ouvrages.

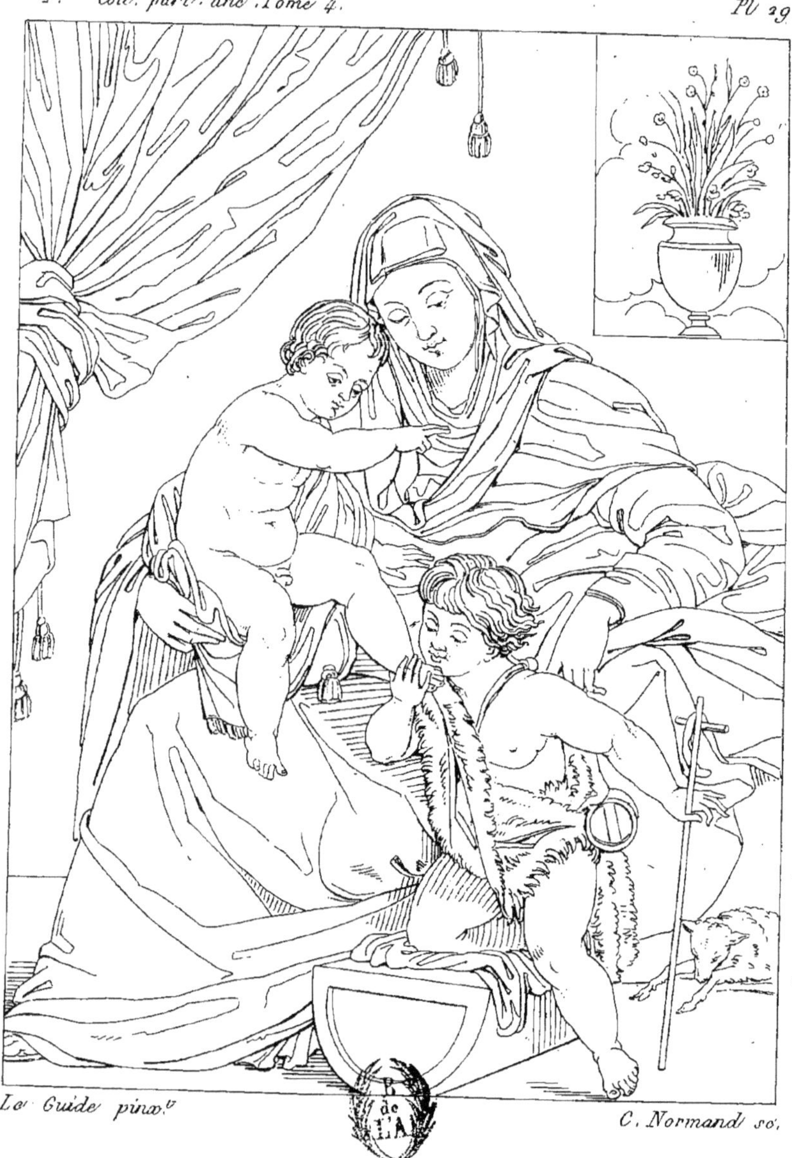

Le Guide pinx.t C. Normand sc.

Planche 29.e—*L'Enfant Jésus, dans les bras de sa Mère, donne la bénédiction au petit S. Jean, qui lui baise les pieds; tableau du* Guide.

Ce tableau, d'une très-petite dimension, est d'autant plus précieux qu'il est exécuté dans la première et la plus forte manière du maître, celle qui rappelle le plus évidemment l'école des Caraches. En effet, tout ce qui constitue le beau talent du Guide se trouve réuni dans cette charmante composition; dessin, caractères, vigueur d'effet et de coloris, étude des détails, touche ferme et soignée. Il serait difficile de trouver dans cette proportion et dans ce style un tableau plus gracieux, plus complet, et plus digne d'orner un cabinet de première classe.

Nous avons eu plusieurs fois l'occasion de parler du Guide; mais, lorsqu'il s'agit de ce peintre, qui sera toujours un des principaux ornemens de l'École bolonaise, on trouve toujours matière à quelque observation nouvelle.

Le Guide enseigna la peinture à Rome, et cette ville lui fournit plusieurs disciples distingués. Il en eut un bien plus grand nombre dans sa patrie, où son école se composait de plus de deux cents élèves. A la vérité, ce n'est pas sur le nombre des disciples que se mesure le mérite du maître; mais celui-ci fut un véritable chef d'école, qui introduisit dans la peinture une manière plus douce et plus suave, que de son temps on qualifia de manière moderne. Ses rivaux eux-mêmes en firent leur profit, et l'on ne peut se refuser à croire que le Dominiquin, Lanfranc et l'Albane, ainsi que leurs principaux élèves, furent redevables au Guide de cette souplesse de pinceau qui lui donne quelquefois de l'avantage sur les Caraches. Au surplus, il se gardait bien d'engager ses élèves à imiter ou à copier ses ouvrages; mais il leur proposait pour modèles ceux de Louis, qui avait été son maître, ou de quelque autre grand peintre plus ancien. Il se contentait de leur indiquer les fondemens de l'art, les principes de l'imitation, enfin les objets vraiment essentiels, sans entrer dans le détail d'une multitude de petites choses qu'enseigne la pratique.

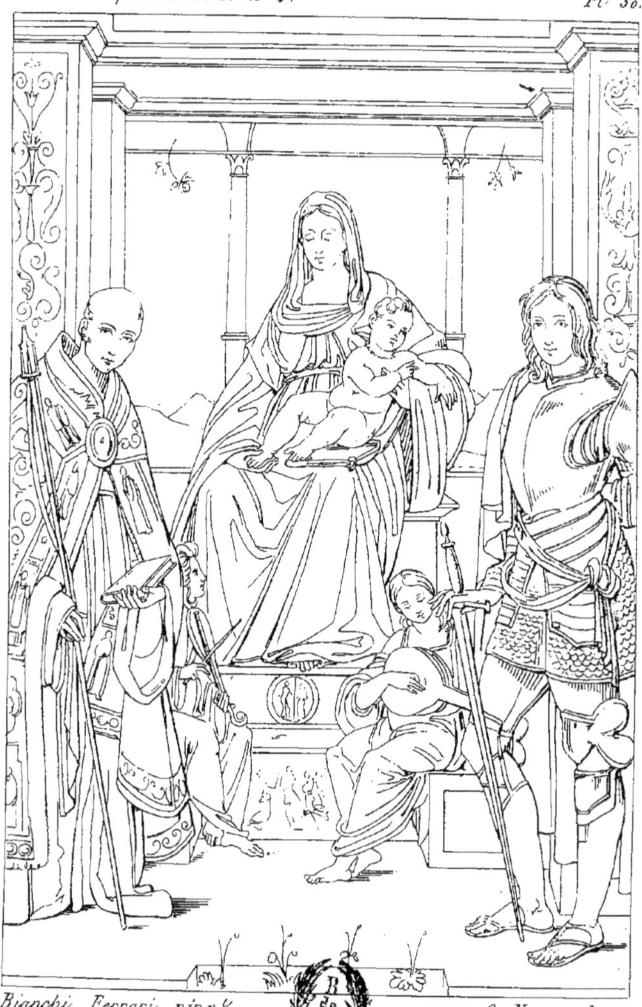

Bianchi Ferrari pinx.t C. Normand sc.

Planche 30.e — *La Vierge sur son trône, accompagnée de deux Saints; tableau de* Bianchi Ferrari.

La Vierge, assise sur son trône, tient l'Enfant Jésus sur ses genoux; elle est accompagnée de S. Benoît et de S. Quintin, qui sont debout. Deux anges, assis sur la première marche du trône, tiennent des instrumens de musique. Le fond représente une galerie ouverte sur la campagne, et soutenue par des pilastres décorés d'arabesques.

Ce tableau, peint sur bois, et dont les personnages sont de grandeur naturelle, est tiré de l'église supprimée des religieuses Augustines de Saint-Quintin à Modène.

Francesco Bianchi Ferrari, dit *il Frari,* vivait en 1481; il contribua à l'illustration de l'école de Modène, l'une des branches de cette fameuse école lombarde, qui fleurit depuis avec tant d'éclat. L'époque à laquelle vécut Bianchi Ferrari, quoique fort ancienne, n'est cependant pas celle qu'on attribue à l'origine de l'école modénaise, dont l'antiquité remonterait jusque vers l'année 1235, si, de même qu'il est reconnu qu'il existe au château de Guiglia un S. François peint dans cette même année par Berlingieri, il était également avéré que ce peintre eût formé des disciples dans l'état de Modène; mais rien n'est plus douteux. Lanzi cite deux tableaux d'un certain Tommaso de Modène: le premier, représentant *la Vierge entre deux saints,* transporté de Prague au cabinet impérial de Vienne, et qu'il présume avoir été peint en 1357; le second, une *Réunion des religieux lettrés de l'ordre des Frères prêcheurs,* qu'il peignit dans leur chapitre, à Trévise; il y a inscrit son nom et la date de 1352. Le dessin se ressent du goût qui régnait alors, comme on peut en juger d'après les gravures qu'en a fait faire le P. Federici, Dominicain, auteur d'un ouvrage curieux sur les antiquités de Trévise. Au surplus, quelle que puisse être l'ancienneté de l'école modénaise, le temps où a été composé le tableau dont nous donnons ici le trait, ne serait postérieur que d'environ cent trente ans à l'époque à laquelle on croit pouvoir en faire remonter l'origine. Ce tableau est peint franchement, mais avec dureté. Ce défaut n'est pas pourtant très-choquant, parce que l'effet général est lumineux, et rachète en quelque sorte la faiblesse du coloris et la sécheresse du pinceau. Les têtes ne sont pas dépourvues d'agrément.

Quelques historiens ont répété, d'après Vedriani, que le Corrége, né en 1494, avait été le disciple de Bianchi, mort en 1510, époque où il avait tout au plus seize ans. Au reste, il n'est pas impossible qu'après avoir reçu de Bianchi les premiers élémens de la peinture, le Corrége ait ensuite étudié les ouvrages de ce maître par goût ou par reconnaissance. On pourrait même trouver plus d'un rapport entre la composition du sujet dont nous donnons ici la gravure, et celle du *S. Jean* et du *S. George* du Corrége qui sont dans la galerie de Dresde. Le dernier est une de ses productions les plus estimées.

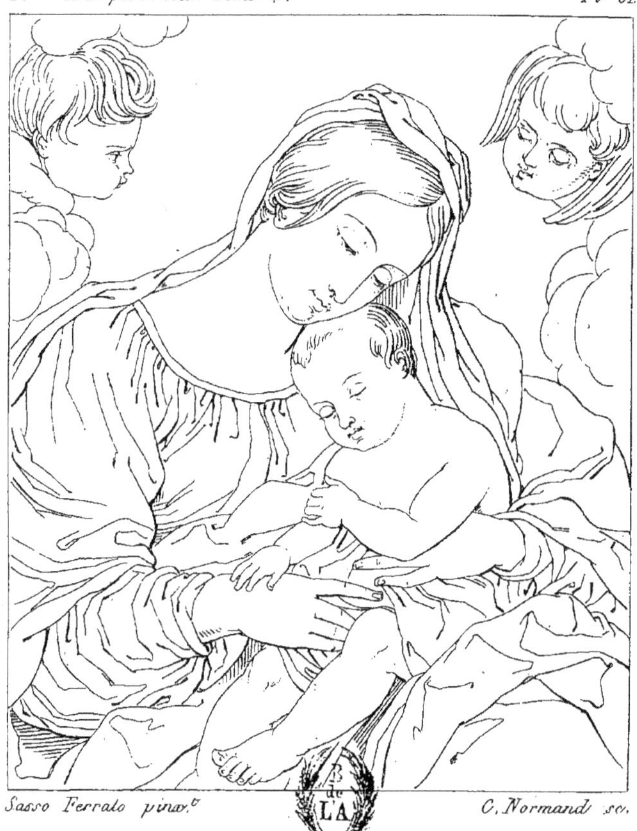

Sasso Ferrato pinxt C. Normand sc.

Planche 31.e — *Le Sommeil de Jésus sur les genoux de sa mère; tableau de* Sasso Ferrato.

Gio-Batista Salvi, plus connu sous le nom de Sasso Ferrato, lieu de sa naissance, est un des peintres qui ont jeté quelque éclat sur les dernières époques de l'école romaine. On l'a mis quelquefois sur la même ligne que Carlo Dolci : ils ont cependant une manière bien différente; mais ils se rapprochent dans le choix des sujets auxquels ils ont consacré leur pinceau. Ce sont presque toujours des Vierges, ou d'autres figures d'un caractère religieux. Sasso Ferrato leur a donné plus de beauté; mais il le cède à Carlo Dolci pour le fini du pinceau. Au surplus, ils n'avaient pas été instruits selon les mêmes principes, ni formés sur les mêmes modèles. Sasso Ferrato étudia d'abord dans sa patrie, sous Tarquinio Salvi, son père; il alla ensuite à Rome et de là à Naples, et l'on ne sait pas précisément quels maîtres il suivit. On lit dans ses mémoires manuscrits le nom d'un Domenico, et l'époque des études de Sasso Ferrato se rapporte au temps où le Dominiquin travaillait à Naples. Au surplus, ce n'est pas à ce maître seul qu'il devrait le style qui le distingue; il copia plusieurs tableaux des plus fameux peintres. Les copies ont été conservées par ses héritiers : elles sont d'après l'Albane, le Guide, Baroche et Raphaël, mais réduites en petit, et touchées avec une légèreté surprenante. Il a laissé aussi quelques petits paysages, mais un plus grand nombre de sujets de sainteté, des têtes de S. Jean-Baptiste, et sur-tout de la Vierge; leurs physionomies s'éloignent du beau idéal des statues grecques; mais elles ont ce sentiment de douceur et d'humilité qui les caractérise. La simplicité des draperies répond à celle des figures, et leur agencement ne manque pas pour cela de dignité. La touche de Sasso Ferrato est large et moelleuse, son coloris assez brillant, mais ses teintes locales sont un peu crues. Il s'est presque toujours borné à peindre des têtes, et il y a bien peu de ses tableaux qui atteignent la mesure d'un portrait ordinaire : encore ne trouvons-nous parmi ses ouvrages de cette grandeur, ou d'une dimension supérieure, que deux tableaux cités par Lanzi, la Vierge avec l'Enfant Jésus du palais Casali à Rome, et un autre encore plus grand qu'il peignit pour un autel de la cathédrale de Montefiascone. Nous ignorons d'où provient celui dont la gravure est jointe à cet article. Le Musée possède un second tableau de Sasso Ferrato, représentant la Vierge debout et portée au ciel par des anges. Les figures sont de grandeur moyenne.

Sasso Ferrato est mort à quatre-vingts ans; il était né en 1605.

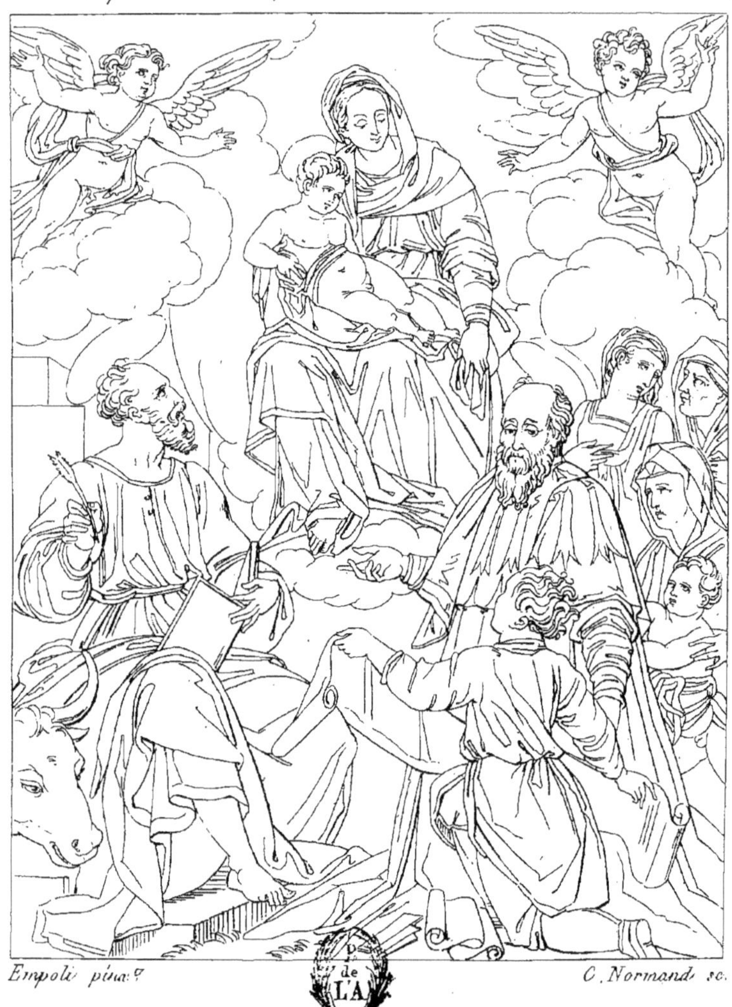

Empoli pinx.t C. Normand sc.

Planche 32.e — *La Vierge apparaît à S. Luc et à S. Yves; tableau d'*Empoli.

La Vierge et l'Enfant Jésus, accompagnés de deux anges, apparaissent à l'évangéliste S. Luc, et à S. Yves, Breton, patron des avocats, qui fut successivement juge et pasteur d'une église. Ce saint protecteur des orphelins paraît offrir au Sauveur, par les mains d'un jeune homme, l'acte de fondation d'un établissement pour l'instruction de la jeunesse. On voit derrière lui une femme âgée, une jeune fille, et une femme tenant un enfant dans ses bras, emblème de la charité de ce saint personnage, qui se plaisait à prodiguer ses soins et ses secours aux infortunés.

Lorsque nous avons offert précédemment une première composition d'Empoli, nous avons saisi l'occasion de citer celle qui fait le sujet de cet article. On trouve une grande différence entre ce tableau, qui est l'un des plus beaux du peintre, et ceux qu'il avait exécutés dans sa première manière; il n'avait que vingt ans lorsqu'il peignit celui-ci, comme le témoigne une inscription latine qu'on lit sur un rouleau posé aux pieds du jeune homme. Ce tableau, peint sur bois, est bien colorié et largement touché. Il a été tiré de la galerie de Florence.

On attribue à l'école florentine cinq époques distinctes, dont chacune est caractérisée par le style particulier des productions qu'elle a vues naître. La première, ou la vieille école, remonte au XIII.e siècle, et peut compter, depuis Cimabué et Giotto jusqu'à Léonard de Vinci et Michel-Ange qu'on met à la tête de la seconde, une série d'environ quatre-vingt-dix peintres nommés dans l'histoire des arts en Italie. Le temps a respecté une partie de leurs ouvrages.

La seconde et en même temps la plus glorieuse époque de cette école célèbre est un peu antérieure aux dernières années du xve siècle; la liste des peintres qui l'ont illustrée n'est guère moins nombreuse que celle des artistes de l'époque précédente. Cinq se sont distingués par-dessus tous les autres : Léonard de Vinci, Michel-Ange, Daniel de Volterre, Frà Bartolomeo et Andrea del Sarto. Leurs élèves et leurs premiers imitateurs firent encore fleurir la peinture pendant l'espace d'un demi-siècle.

Après eux, une foule d'imitateurs d'un ordre inférieur imprimèrent à l'art un mouvement rétrograde; ils n'avaient pas été élevés ou ne s'étaient pas maintenus dans les principes sévères de leurs prédécesseurs.

Enfin la peinture parut se relever et prendre un nouvel essor : Ludovico Cardi, dit *le Cigoli*, introduisit dans l'école un autre style, fondé sur l'étude de la nature, et recommandable par un sentiment profond du simple et du vrai. Il eut une grande influence sur ses contemporains, parmi lesquels on compte Empoli, auteur du tableau dont nous donnons ici la gravure.

Nous ne disons rien de la cinquième et dernière époque; l'art tomba peu à peu dans un état de relâchement dont Pietre de Cortone, l'un des premiers, avait donné le triste exemple, et qui acheva la ruine de la peinture dans cette partie de l'Italie où, deux siècles auparavant, elle avait jeté un si grand éclat.

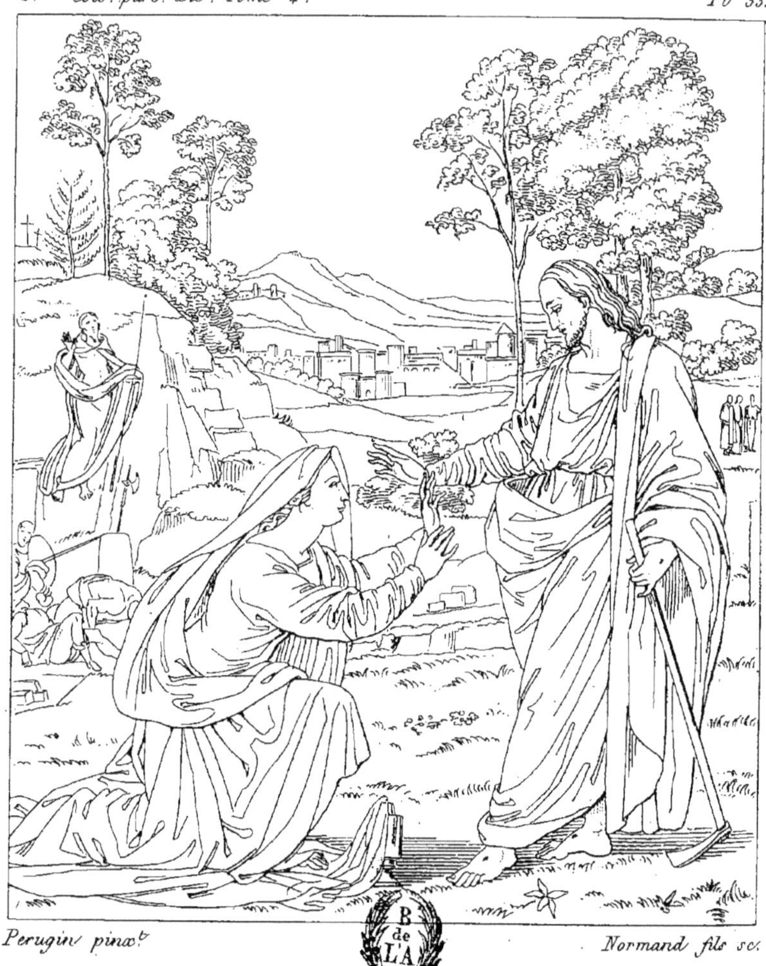

Perugin pinx.t Normand fils sc.

Planche 33.e — *Le Christ ressuscité apparaît à la Madeleine; tableau du* Pérugin.

L'auteur de ce tableau, que quelques personnes attribuent à Mariotto Albertinelli, y a représenté deux actions qui n'ont pu avoir lieu dans le même temps. En effet, on voit sur le premier plan Notre-Seigneur ressuscité apparaissant à la Madeleine, et, sur un plan plus éloigné, Jésus sortant du tombeau et s'élevant dans les airs.

Ce petit tableau, qui faisait partie de l'ancienne collection du Roi, a tout au plus vingt pouces de hauteur. Il est clair d'effet, léger de coloris; la touche en est soignée, mais un peu sèche : on trouve de la finesse dans le caractère des têtes, un bon style dans le jet des draperies; mais le premier aspect rappelle une production des premiers temps de l'école romaine. Alors on n'avait encore aucune idée de cette combinaison ingénieuse des ombres et des lumières qui constitue le clair-obscur.

Nous avons déjà donné une notice sur le Pérugin, dont le titre le plus glorieux est sans contredit d'avoir été le maître de Raphaël. Ses ouvrages ne sont cependant pas dénués de mérite et même d'agrément : il est quelquefois sec et dur; mais il a cela de commun avec les artistes de son temps. Quelquefois aussi il paraît mesquin dans ses draperies, et l'on y desirerait plus d'ampleur : mais il rachète ces défauts par la grâce des têtes, sur-tout celles d'enfans et de femmes, où il a surpassé tous les peintres ses contemporains par la naïveté des mouvemens et la netteté du coloris.

Le Pérugin, que l'on regarde communément comme un des plus anciens maîtres de l'école romaine, avait eu un grand nombre de prédécesseurs; les historiens en citent environ quarante, et font remonter l'origine de cette école au XII.ᵉ siècle. A leur tête est Luca Santo, auquel on attribue un tableau de la Vierge à Sainte-Marie-Majeure, et beaucoup d'autres, soit à Rome, soit aux environs, que l'on disait avoir été peints par S. Luc. Cette opinion, toute vulgaire, est démentie par le silence seul des anciens historiens; de plus, il est reconnu que dans les premiers temps du christianisme on représentait toujours la Vierge seule, et jamais avec l'Enfant Jésus, comme l'attestent divers morceaux qui existent encore à Bologne, à Rome et à Velletri : mais il est certain qu'il y eut au XII.ᵉ siècle un peintre nommé Luca Santo, qui, selon toute apparence, est l'auteur des tableaux en question. On lit dans un ouvrage imprimé en Italie, sous le titre de *Deliciæ eruditorum*, par Gio Lami, un passage dont voici la traduction littérale : « Il y eut un peintre, » vrai serviteur de Dieu, menant une sainte vie, et de » notre pays florentin; son nom était Luca, et il était » surnommé le Saint. » Une simple ressemblance de nom a donc causé l'erreur de beaucoup de personnes qui croient que l'évangéliste S. Luc avait cultivé la peinture.

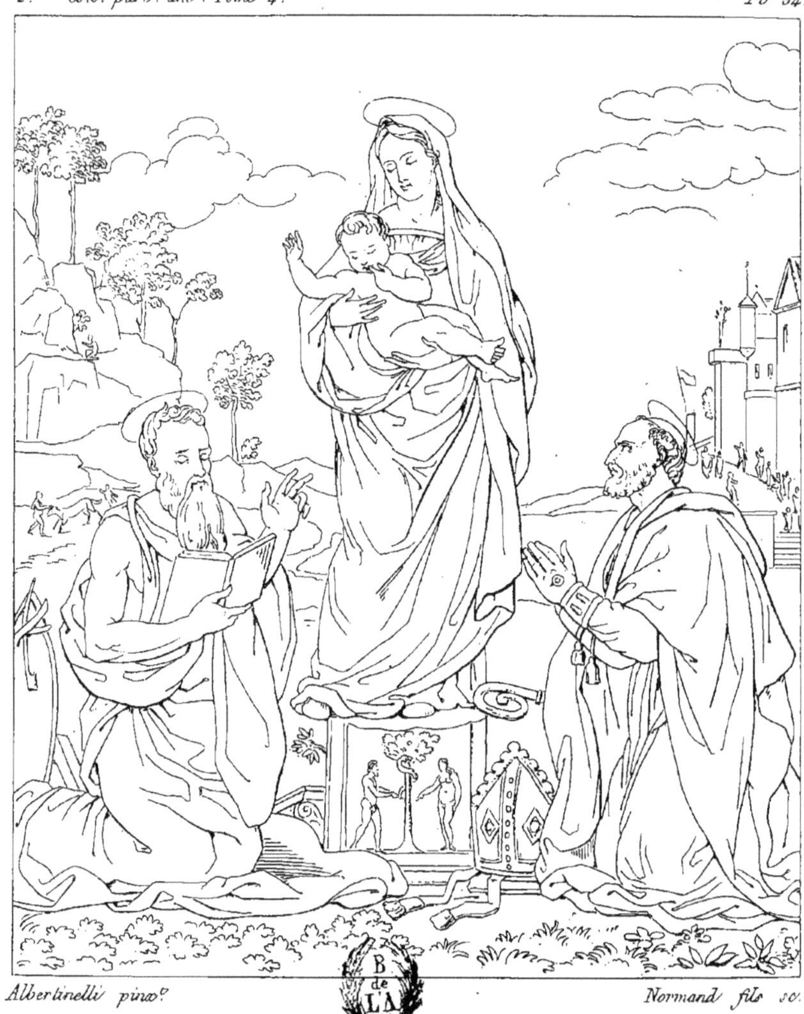

Albertinelli pinx.t Normand fils sc.

Planche 34.e — *La Vierge et l'Enfant Jésus, S. Jérôme et S. Zénobe; tableau de* Mariotto Albertinelli.

L'Enfant Jésus, dans les bras de sa mère, bénit S. Jérôme et S. Zénobe, évêque de Florence. Dans le lointain à gauche, au haut d'un rocher, on aperçoit S. Jérôme se frappant la poitrine au pied de la croix : à droite, S. Zénobe, allant visiter les églises situées au nord de la ville de Florence, rencontre le convoi d'un jeune homme que l'on portait en terre; il fait arrêter le convoi, ressuscite le mort, et rend un fils à sa mère, qui était veuve et dont il était le soutien. Sur la plinthe du bas-relief placé sous les pieds de la Vierge, et représentant Ève qui offre au premier homme le fruit défendu, on lit le nom du peintre : *Mariotti de Bertinellis opus, A. D. 1506.* Ce tableau, peint sur bois, avait été fait pour Zanobi del Maestro, qui le fit placer dans l'église *della Santa-Trinita* à Florence : depuis il avait été transporté dans la sacristie.

Mariotto Albertinelli, peintre florentin, naquit vers l'an 1407. Élève de Cosimo Rosselli, il fut le condisciple, l'émule et l'ami de Baccio della Porta, plus connu sous le nom de Frà Bartolomeo. Les deux jeunes artistes travaillèrent ensemble pendant quelque temps aux mêmes ouvrages; ce qui leur était d'autant plus facile, qu'Albertinelli s'était attaché à imiter la première manière de Baccio. On voit à Florence quelques tableaux qu'ils ont exécutés en commun : entre autres, une Assomption, dont la partie supérieure est de la main de Baccio; les apôtres et quelques autres objets de la partie inférieure sont attribués à Albertinelli. Sa touche offre un peu de sécheresse, comme on le voit dans son tableau de *S. Silvestre*, qui est à Rome à Monte-Cavallo, et dans lequel il a représenté S. Dominique et S.te Catherine de Sienne entourant le trône de la Vierge. Il peignit à Saint-Julien de Florence, dans le style de Frà Bartolomeo, un tableau très-remarquable par la vigueur du coloris; et pour la congrégation des prêtres, un sujet de la Visitation, qui depuis a été transféré dans la galerie royale. Albertinelli eut deux élèves qui lui ont fait honneur, Franciabigio et Innocenzio da Imola. Il mourut vers 1512.

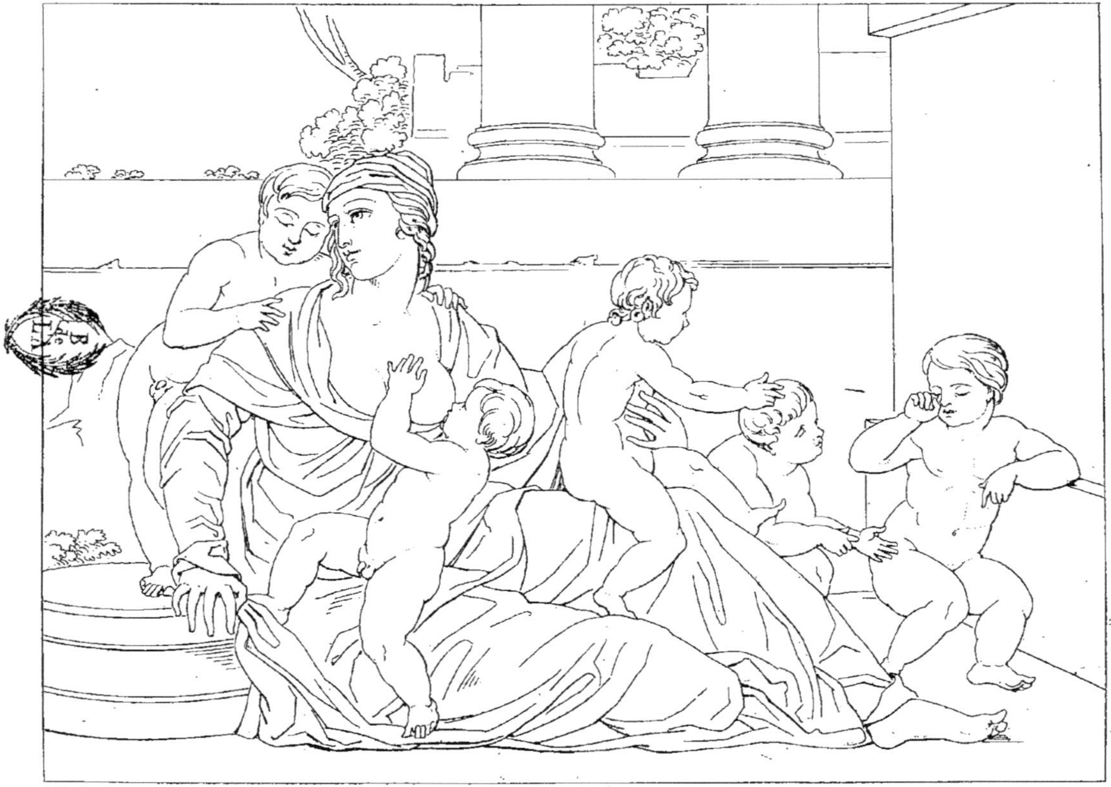

Blanchard pinxit. Normand fils sc.

Planche 35.e — *La Charité; tableau de* Jacques Blanchard.

La Charité, sous les traits d'une jeune femme de la physionomie la plus aimable et la plus gracieuse, allaite un petit enfant; un second, debout et un peu derrière elle, paraît attendre son tour; elle en tient un troisième sur ses genoux; deux autres jouent à ses pieds. Cette composition, d'un caractère suave, se recommande moins par la sévérité du dessin et la vigueur du pinceau que par la délicatesse du coloris : mais l'agrément de l'exécution répond au caractère du sujet, et l'on voit toujours ce tableau avec intérêt. Les figures sont de grandeur naturelle.

On a donné dans un des volumes précédens le trait d'un tableau de Jacques Blanchard, représentant *S. Paul en méditation*, et l'on y a joint une notice détaillée sur cet artiste (1).

(1) *Voyez* tom. XIV, pl. 11.

Planche 36.e — 1. *La Vierge, l'Enfant Jésus et S.te Anne; 2. la Sainte Famille : tableaux de* Jacques Blanchard.

Ces deux tableaux, dont les figures sont un peu moins grandes que nature, ont été peints, selon toute apparence, dans le temps où Blanchard essayait de former son coloris sur celui des peintres vénitiens. Le ton de ces deux derniers morceaux est plus brillant, plus chaud, que celui du tableau précédent, et la touche en est plus ferme. C'est pour cette raison qu'ils pourraient être préférés par un certain nombre d'amateurs; toutefois, nous ne partagerions pas entièrement leur opinion; les carnations de ceux-ci nous semblent exagérées, et tirer un peu sur le rouge, le jaune et le roux. En voulant imiter le Titien ou le Tintoret, Blanchard a outré leur manière, qui est beaucoup plus simple et plus vraie.

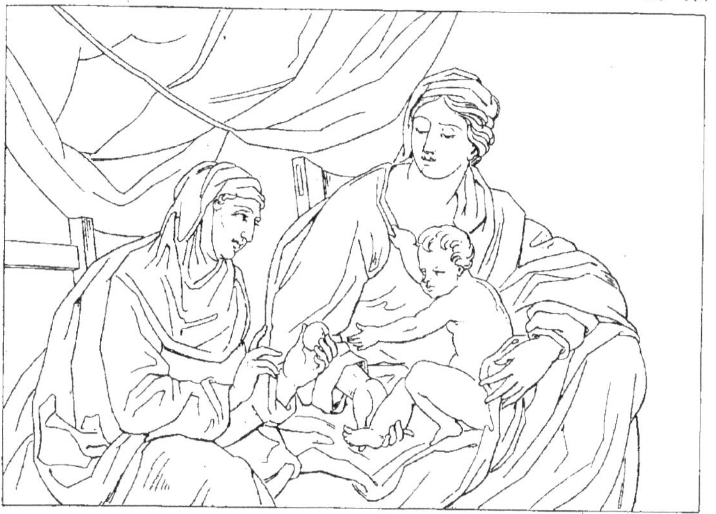

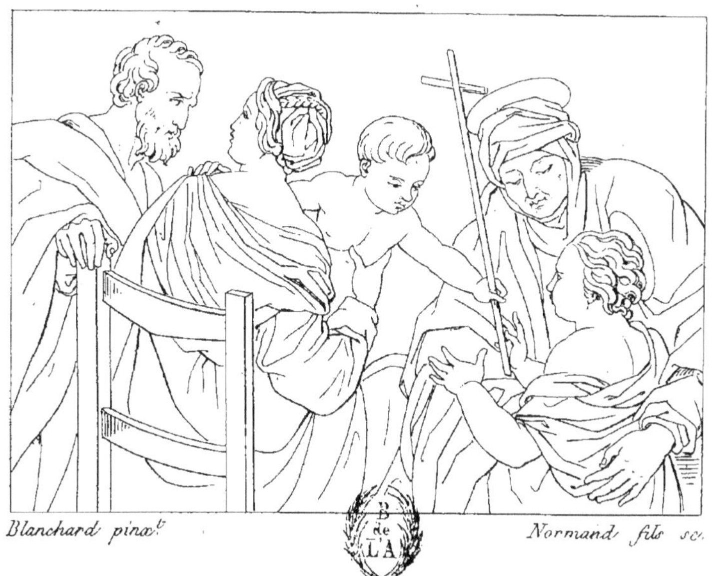

Blanchard pinx.t Normand fils sc.

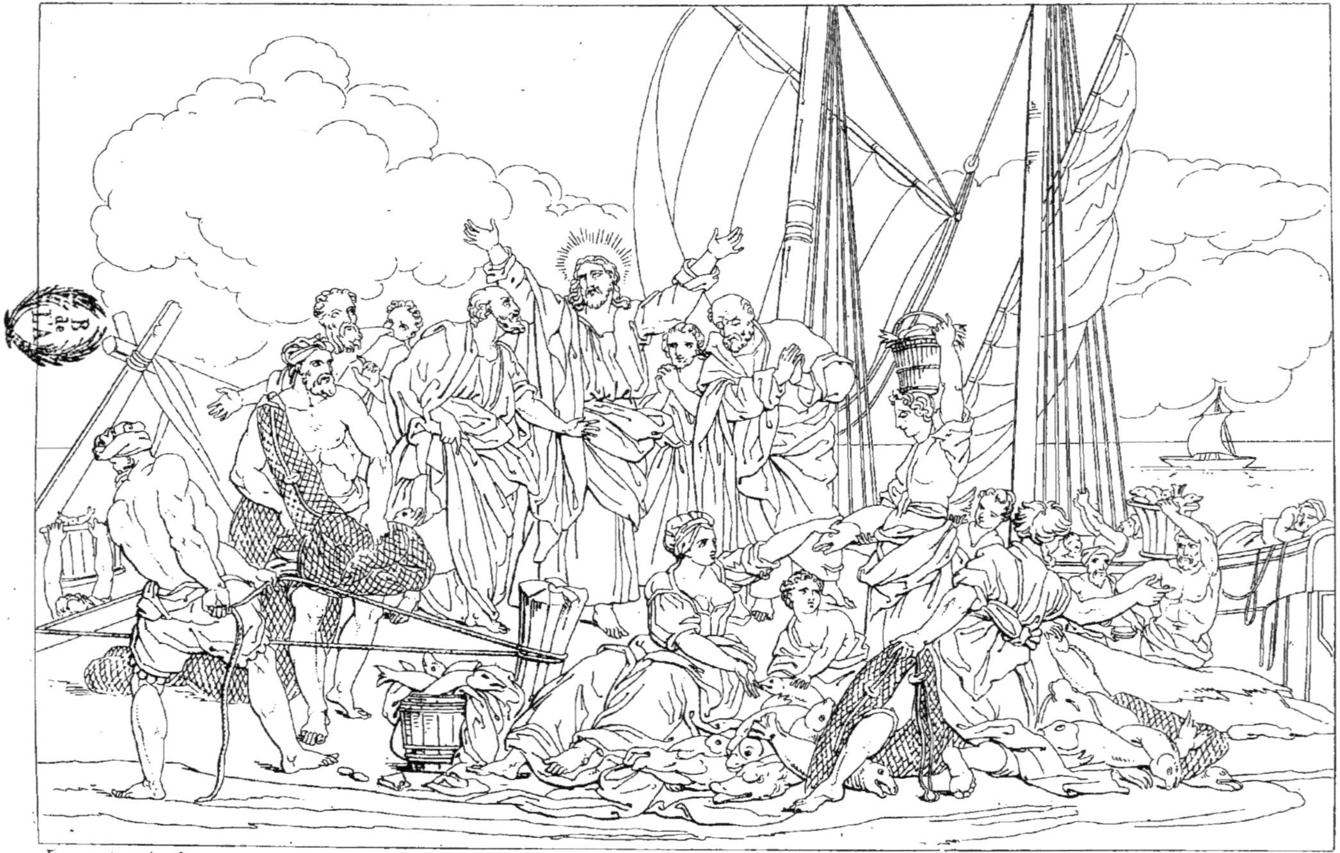

Jouvenet pinxt. C. Normand sc.

Planche 37.e — *La Pêche miraculeuse; tableau de* Jouvenet.

Ce tableau est l'un des quatre que peignit Jouvenet pour l'église de Saint-Martin des Champs; il était placé dans le chœur, et il orne maintenant le Musée royal, où il a pour pendant *la Résurrection de Lazare.* Nous avons dit que le tableau de *Notre-Seigneur chassant les vendeurs du temple,* qui fait le sujet de l'article suivant, et celui du *Repas chez Simon le Pharisien,* avaient été accordés au musée de Lyon.

C'est avec raison qu'entre ces quatre tableaux, qui cependant n'auraient pas dû être séparés les uns des autres, on a choisi pour le Musée royal *la Résurrection de Lazare,* le plus estimé des quatre, et *la Pêche miraculeuse,* composition pleine de mouvement et d'expression. Jouvenet fit exprès le voyage de Dieppe, malgré les rigueurs de l'hiver, pour examiner les travaux des pêcheurs, et dessiner d'après nature des filets, des poissons, des coquillages, et en former des études pour l'exécution de son tableau.

Planche 38.e — *Jésus-Christ chassant les Vendeurs du Temple; tableau de* Jouvenet.

Ce morceau, exécuté avec beaucoup de nerf, présente une grande vivacité d'action, de la variété dans les mouvemens et dans les attitudes. Des quatre sujets que Jouvenet peignit pour l'abbaye de Saint-Martin des Champs, celui-ci n'est pas le moins remarquable pour la richesse de la composition et la beauté de l'ordonnance.

Lorsque Jouvenet les eut terminés, Louis XIV se les fit apporter à Trianon, et en fut si content, qu'il ordonna à Jouvenet de les recommencer, pour être exécutés en tapisserie. Ce grand artiste ne se copia pas servilement; il varia ses tableaux, et y ajouta plusieurs figures. Ces derniers, qui sont encore aux Gobelins, étaient, dit-on, encore plus estimés que les premiers.

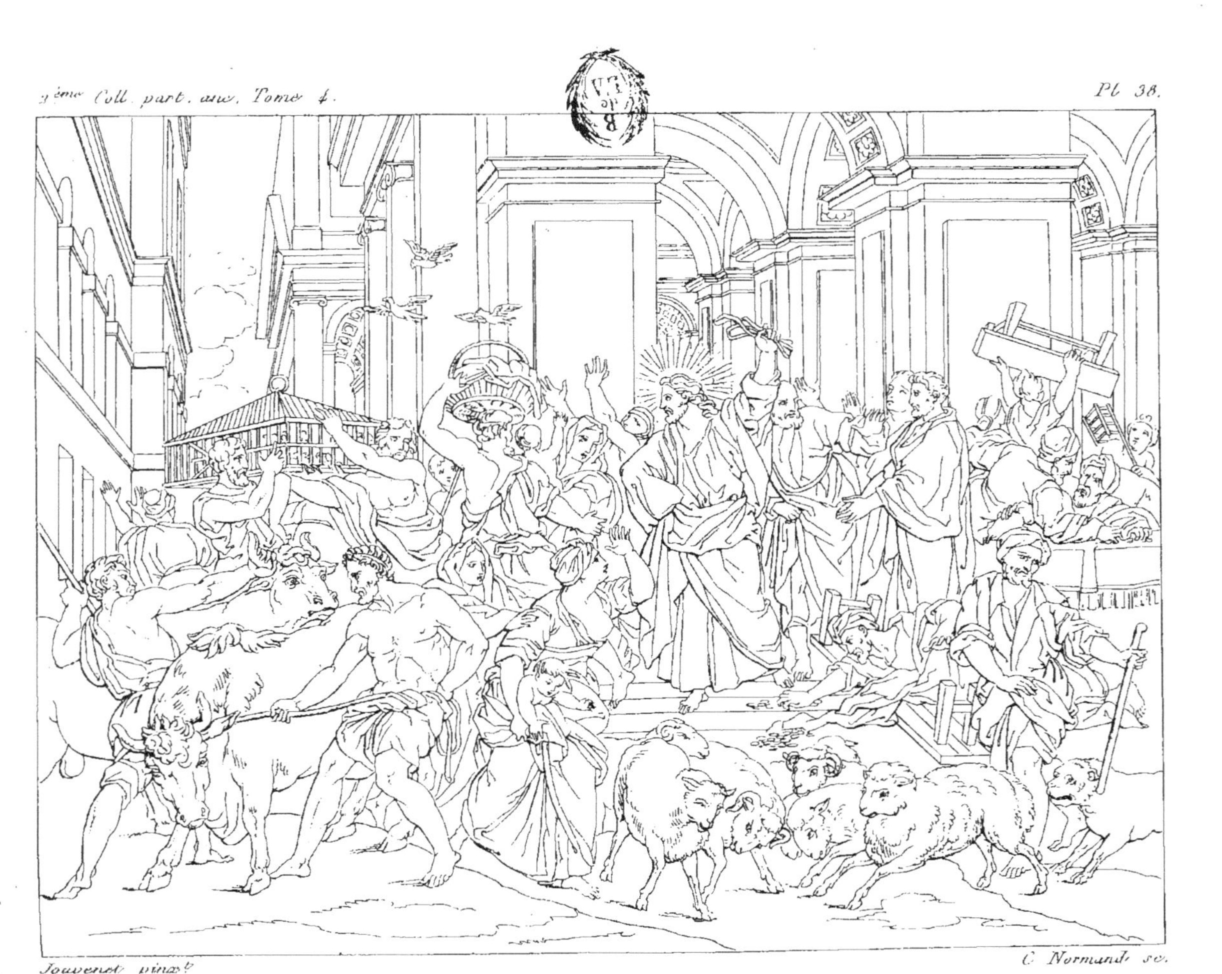

Jouvenet pinx.t C. Normand sc.

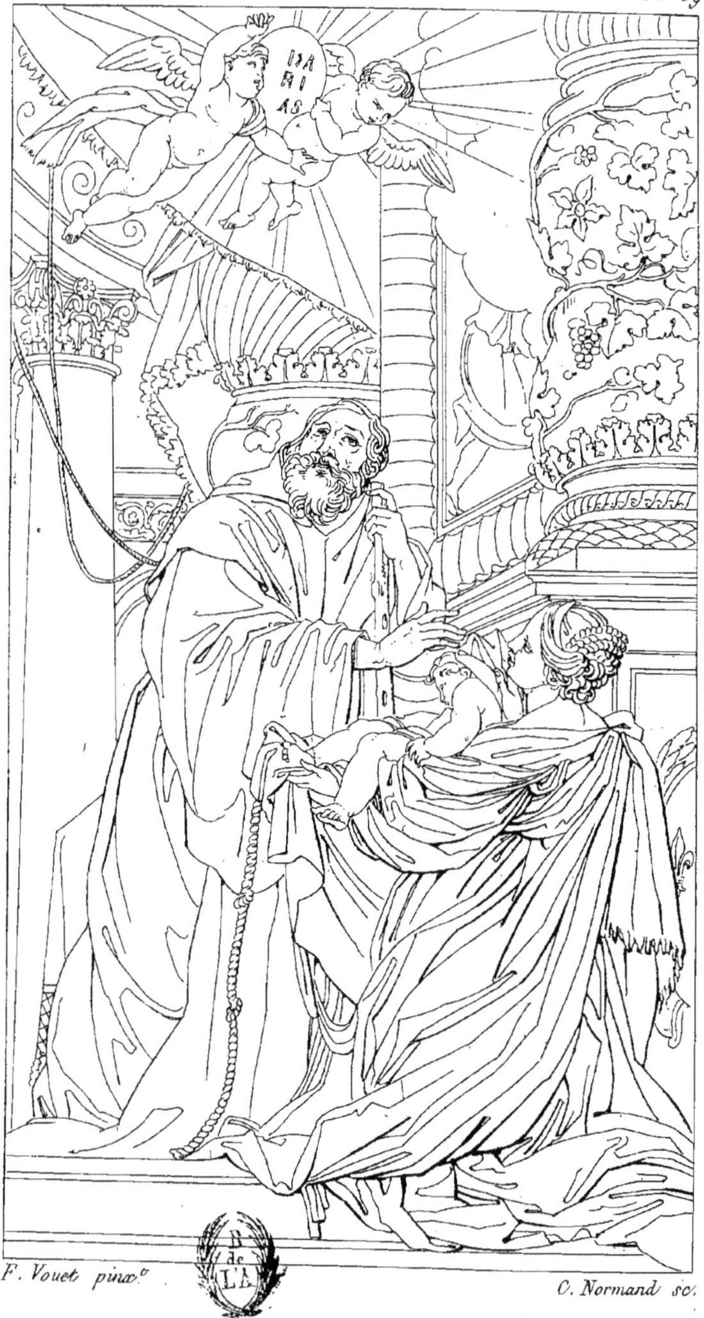

F. Vouet pinx^t.

C. Normand sc.

Planche 39.e — *S. François de Paule ressuscite un enfant; tableau de* Simon Vouet.

S. François, né vers l'an 1416 à Paule, petite ville de la Calabre, se retira, très-jeune encore, dans une solitude peu éloignée de cette ville; quelques personnes pieuses se joignirent à lui, et il bâtit en 1454 une église et un monastère. Il voulut que la charité, la pénitence et l'humilité fussent la base de sa règle, et que ses disciples portassent le nom de *Minimes*, comme pour marquer qu'ils étaient les derniers dans la maison du Seigneur. L'éminente sainteté de François fut encore relevée aux yeux des hommes par le don des miracles et par celui des prophéties. Louis XI, roi de France, attaqué d'une maladie de langueur, et craignant excessivement la mort, fit prier le saint ermite de passer en France pour lui rendre la santé. Celui-ci répondit que ce serait tenter Dieu, que de lui demander un miracle sollicité dans des vues purement humaines. Cependant, sur les ordres du pape, François se rendit aux instances de Louis XI; mais il fit entendre au monarque que les décrets de Dieu étaient immuables, et qu'il n'y avait pas d'autre parti à prendre que de se soumettre avec résignation à la volonté du ciel, et de se préparer à mourir saintement. Enfin ses exhortations agirent puissamment sur le roi, qui obtint la grâce de rentrer en lui-même; il prit des sentimens plus dignes d'un chrétien, et mourut dans les bras du saint ermite, après lui avoir recommandé ses trois enfans. Charles VIII, fils et successeur de Louis XI, consultait S. François de Paule dans toutes les choses qui regardaient sa conscience, et même dans les affaires d'état. Il voulut qu'il tînt sur les fonts et qu'il nommât le dauphin son fils. Il lui fit bâtir un beau couvent dans le parc du Plessis près de Tours; deux autres furent fondés quelque temps après : S. François ne quitta plus la France jusqu'à sa mort, qui arriva dans le couvent du Plessis, le jour du vendredi-saint, 2 avril 1507. Il était âgé de quatre-vingt-onze ans.

Le sujet du tableau dont nous donnons ici la gravure, est S. François de Paule ressuscitant un enfant que lui présente une femme à genoux. Le miracle s'opère dans une église. On aperçoit, dans une gloire au-dessus de la tête du saint, deux anges soutenant un cartel sur lequel est tracé le mot *charitas :* c'est celui qu'il avait choisi pour la devise de son ordre.

On retrouve dans cette composition le caractère distinctif des ouvrages de Vouet : le grandiose des lignes, un peu de roideur et de sécheresse dans les draperies, et certains airs de têtes qu'il répète dans presque tous ses tableaux. Il exécuta celui-ci pour la chapelle de S. François de Paule de l'église des Minimes de la Place Royale, qui le chargèrent, en outre, de peindre en neuf morceaux, sur les lambris de la même chapelle, l'histoire de leur saint patriarche. L'église de ces religieux n'existe plus; elle a été abattue dans le cours de la révalution, et la rue par où l'on y arrivait en sortant de la Place Royale, a été continuée sur l'emplacement qu'elle occupait.

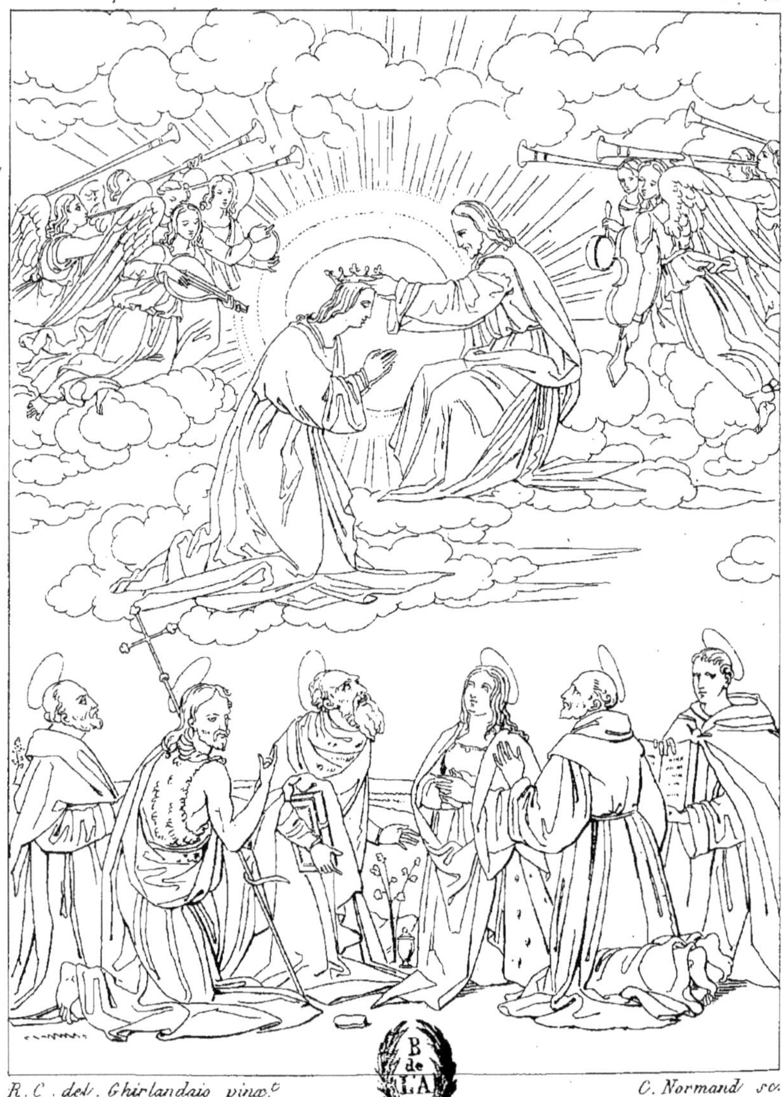

R. C. del. Ghirlandaio pinx.t C. Normand sc.

Planche 40.e — *La Vierge couronnée dans le ciel; tableau de* Ridolfo-Corradi del Ghirlandaio.

La Vierge, prosternée aux pieds de son fils, reçoit avec humilité la couronne immortelle, et les anges célèbrent ce glorieux événement. Sur le premier plan le peintre a représenté S. Pierre, dominicain et martyr, S. Jean-Baptiste, S. Jérôme, la Madeleine, S. François d'Assise et S. Dominique.

Ce tableau, peint sur bois, est tiré de l'église supprimée de *San-Jacopo di Ripoli.* Selon une inscription mise au bas du tableau, il a été peint en 1504. Si la date de la naissance de Ridolfo Ghirlandaio est exacte, il exécuta cet ouvrage à l'âge de dix-neuf ans.

Ridolfo, fils de Domenico, étant resté de bonne heure orphelin, fut d'abord élève de David son oncle paternel, ensuite de Frà Bartolomeo, jusqu'au moment où, Raphaël étant venu pour la première fois à Florence, il se lia d'amitié avec ce grand peintre. Raphaël, en quittant cette ville, chargea Ridolfo de terminer un tableau de la Vierge qu'il y avait commencé pour une église de Sienne, et, de retour à Rome, il l'engagea à venir travailler avec lui aux peintures du Vatican. Ridolfo n'accepta pas cette offre, dont il aurait pu tirer un parti avantageux, et peut-être aujourd'hui son nom irait-il de pair avec celui de Jules Romain. Il fit preuve d'un génie facile, vif, élégant, et d'une grande aptitude à se rapprocher du style de son ami. Les premiers tableaux qu'il peignit à *San-Jacopo di Ripoli* et à *San-Girolamo*, se ressentent singulièrement du style du Pérugin, et l'on pourrait les prendre pour des productions de la jeunesse de Raphaël. On peut juger des progrès que fit Ridolfo, dans deux autres tableaux d'un grand nombre de figures de moyenne proportion, qui ont été transportés de l'académie de dessin à la galerie royale, représentant deux traits de l'histoire de S. Zénobe. Il peignit encore plusieurs sujets au dôme de Sienne. On y trouve, pour le goût de la composition, la vivacité de l'expression et le choix des couleurs, une grande partie des principes qui constituent le style de Raphaël, et une tendance évidente au beau idéal. Ridolfo aurait pu parcourir comme artiste une longue et glorieuse carrière; mais, après les premiers essais de sa jeunesse, son zèle se ralentit, et il quitta la peinture pour s'adonner au commerce.

Quoique jeune encore, il eut une école assez nombreuse : on distingue parmi ses élèves Michele di Ridolfo, qui prit le nom de son maître, Mariano da Pescia, Carlo Portelli, Antonio del Cerajuolo, Mirabello da Salincorno, Toto del Nanziata, enfin Perino del Vaga, le plus célèbre de tous, et qui depuis eut l'avantage de travailler, sous la conduite de Raphaël, aux peintures du Vatican.

Guido Cagnacci pinx.t C. Normand sc.

Planche 41.e — *S. Jean-Baptiste dans le désert; tableau du* Guido Cagnacci.

S. Jean, assis et appuyé sur un rocher, tient de la main droite une croix de roseau, et de la gauche caresse un agneau dont un pied pose sur le bras du saint.

Quoique ce tableau ne présente ni la grâce, ni la correction, ni la finesse, ni la légèreté du pinceau qui distingue le Guide, on y reconnaît néanmoins une imitation très-prononcée de la seconde manière de ce maître. Elle consiste dans la fermeté des ombres et la distribution large et soutenue des masses lumineuses. Nous avons donné précédemment (tom. VIII et XIV) deux autres compositions de Guido Cagnacci, et quelques particularités sur ce peintre, dont la vie est d'ailleurs peu connue.

Planche 42.e — *La Vierge, l'Enfant Jésus, et le petit S. Jean; tableau de* Francesco Trevisani.

La Vierge soulève la draperie qui couvre l'Enfant Jésus endormi et couché dans son berceau; le petit S. Jean lui baise la main : trois anges charment son sommeil par des accords célestes. Les figures de ce tableau sont de grandeur naturelle.

Né à Trevigi, et élève de l'école vénitienne, Francesco Trevisani est néanmoins placé au nombre des peintres qui ont donné quelque lustre à la cinquième et dernière époque de l'école romaine; ce fut celle de sa décadence. Venu après Carle Maratte, et peu de temps avant Mengs et Pompeo Batoni, il pourrait être considéré comme appartenant à l'école moderne, et sa manière semble participer de celle des trois maîtres que nous venons de nommer. On ne peut refuser aux deux derniers, Mengs et Pompeo Batoni, l'avantage d'avoir ramené la peinture à de meilleurs principes que ceux qui dominaient alors en Italie; malheureusement ils n'ont pas eu de successeurs.

Trevisani fit un long séjour à Rome, et c'est là qu'il a produit la plus grande partie de ses ouvrages. Il avait quitté son premier style pour en prendre un plus correct et de meilleur goût. Il n'est dépourvu ni de grâce ni de noblesse; mais son coloris n'est ni assez varié ni assez vigoureux. On cite comme un tableau très-remarquable le S. Joseph qu'il peignit à l'église du collége royal. Trevisani, né en 1656, est mort en 1746.

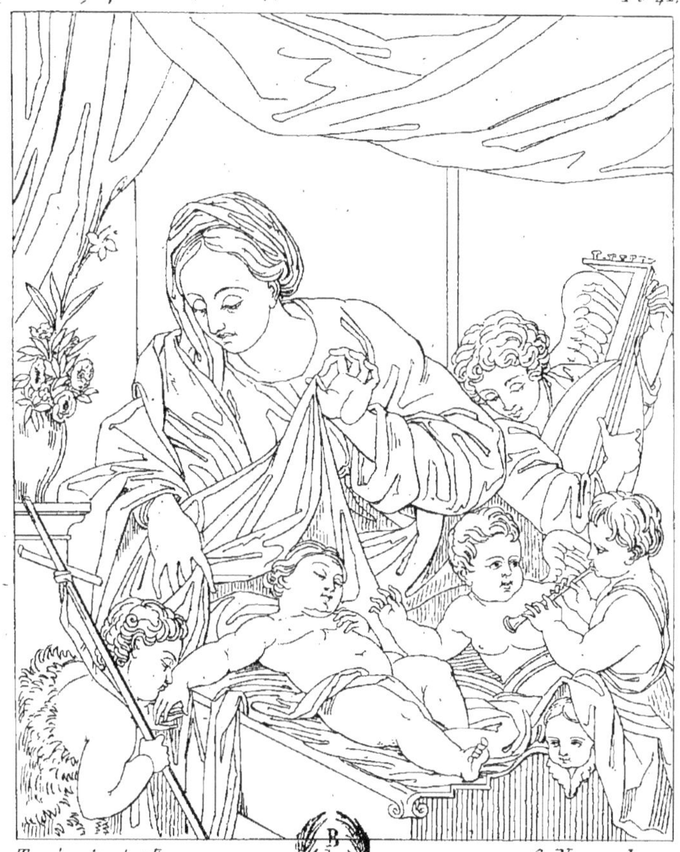

Trevisani pinx.t C. Normand sc.

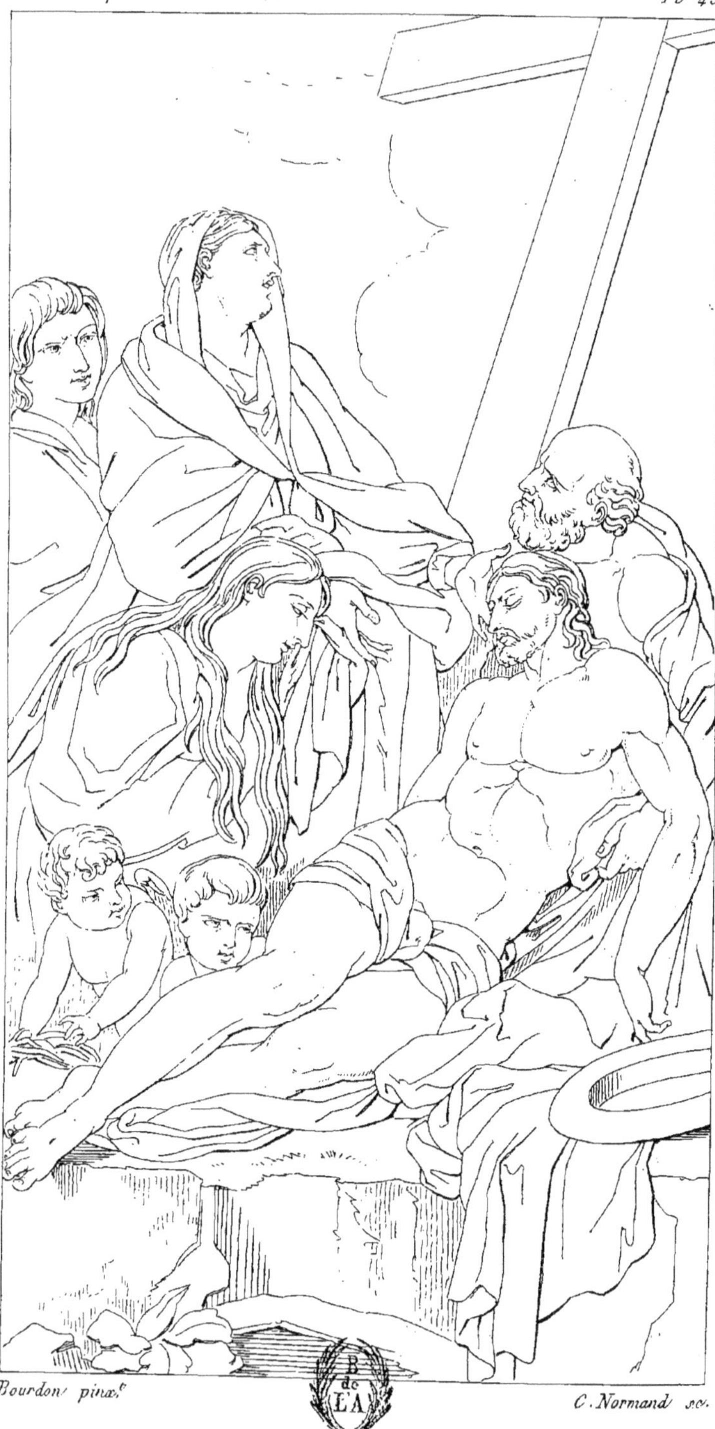

Bourdon pinx.t C. Normand sc.

Planche 43.e — *La Descente de croix; tableau de* Sébastien Bourdon.

Le Christ, descendu de la croix, est soutenu par Joseph d'Arimathie, accompagné de la Vierge, de S. Jean et de la Madeleine. Deux anges en pleurs sont aux pieds du divin Sauveur.

Lorsqu'à son retour d'Italie le Bourdon peignit pour l'église de Notre-Dame le tableau du Martyre de S. Pierre, ce morceau fut regardé comme le chef-d'œuvre de l'artiste, et cette opinion s'est toujours soutenue: mais alors le Bourdon n'avait pas fait le tableau dont nous donnons ici la gravure, et qui semble l'emporter de beaucoup sur le premier, pour le goût de la composition, le dessin, les caractères et le coloris. Le Bourdon, dans aucun de ses grands ouvrages (car ses petits tableaux ont toujours obtenu et mérité la préférence), n'a réuni au même degré les principales parties de l'art.

Le tableau de la Descente de croix avait été peint pour l'église de Saint-Benoît à Paris, et n'a été placé au Musée que depuis le rétablissement de cette galerie royale en 1816. Il est exposé vis-à-vis le tableau du Martyre de S. Pierre, que nous venons de citer. Les connaisseurs peuvent les comparer, et assigner le premier rang à l'un ou à l'autre, selon l'estime qu'ils font de chacun de ces deux ouvrages. L'exécution de la Descente de croix est postérieure d'environ quinze ans à celle de l'autre tableau; le Bourdon la peignit à son retour de Suède, où les guerres de religion l'avaient engagé à se réfugier : cet artiste était protestant. La reine Christine lui fit un accueil favorable, le nomma son premier peintre, et le chargea de faire les dessins de la pompe funèbre de son père, Gustave-Adolphe. Cet ouvrage fut suivi des portraits de la reine, du prince Charles-Gustave, son cousin, et de ceux de tous les autres généraux de l'armée.

On ne doit pas omettre un trait de désintéressement de Bourdon. Comme il faisait le portrait de la reine représentée à cheval, cette princesse lui parla des tableaux que le roi son père avait trouvés à Prague après la prise de cette ville, et qui étaient encore emballés; elle lui ordonna de les examiner. Le Bourdon lui en ayant fait un récit très-avantageux, sur-tout de ceux du Corrége, cette généreuse princesse lui dit qu'elle les lui donnait; mais le Bourdon lui représenta que c'étaient les plus beaux tableaux de l'Europe, et qu'elle ne devait pas s'en dessaisir. La reine les garda, et les fit porter à Rome, où elle fixa son séjour après qu'elle eut abdiqué la couronne. Après sa mort les héritiers de Don Olivio Odescalchi les achetèrent, et les revendirent au duc d'Orléans, régent de France.

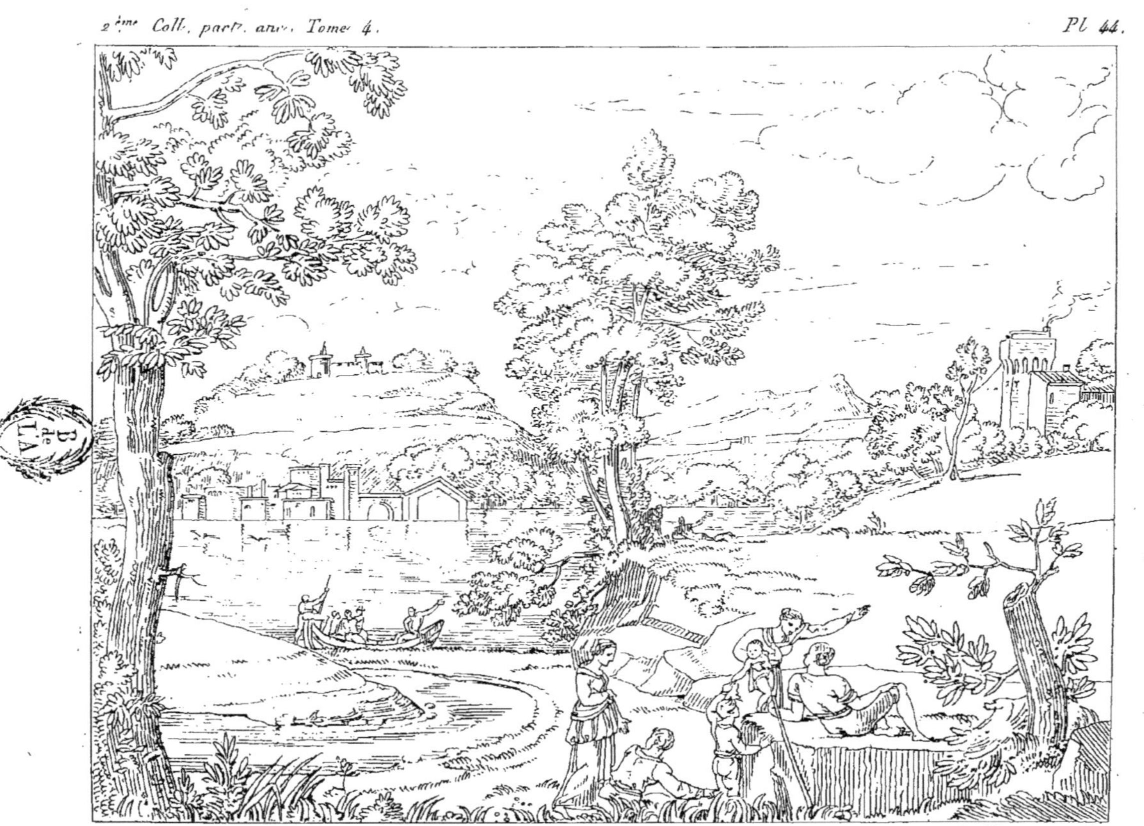

Bolognèse pinxt. C. Normand sc.

Planche 44.e — *Paysage par* le Bolognèse.

Ce paysage, touché largement et d'un bon style, offre vraisemblablement quelque site dessiné d'après nature. On voit sur le devant trois femmes, deux enfans, un jeune homme assis; et sur le second plan, une barque contenant cinq personnes.

Gio. Francesco Grimaldi, surnommé *le Bolognèse*, du nom de sa ville natale, vit le jour à Bologne en 1606. Il était parent des Caraches et se forma à leur école. Ses progrès furent rapides. Quoiqu'il dessinât fort bien la figure, il s'adonna plus spécialement au paysage, et s'y distingua d'une manière éminente. Étant allé à Rome pour se perfectionner, il fit connaître son talent, et fut chargé d'une grande quantité de travaux. Le pape Innocent X l'employa avec plusieurs artistes habiles au palais du Vatican et à la galerie de Monte-Cavallo. Le Bolognèse avait des manières qui le faisaient aimer de tout le monde, et le pape prenait plaisir à le voir travailler et à s'entretenir avec lui. Le neveu de sa Sainteté, le prince Pamphile, qui ne l'aimait pas moins, l'occupa à orner son palais de Bel Respiro. Chacun, à l'exemple de ces princes, recherchait le Bolognèse, et voulait avoir quelque ouvrage de sa main. Sa réputation étant venue jusqu'en France, le cardinal Mazarin le fit venir, lui donna une forte pension, et l'occupa pendant trois ans à embellir son palais, ainsi que celui du Louvre, par ordre de Louis XIV. Les troubles de l'État l'obligèrent à se retirer chez les Jésuites. Il leur témoigna sa reconnaissance en peignant une décoration pour l'exposition du saint

Sacrement pendant les jours gras, selon l'usage de Rome. Ce morceau fut extrêmement goûté ; et le Roi, qui vint le voir deux fois, commanda au Bolognèse une décoration pareille pour sa chapelle du Louvre. L'artiste, ayant terminé ces travaux, demanda au Roi la permission de retourner en Italie. Son protecteur, Innocent X, n'existait plus ; mais ses deux successeurs, Alexandre VII et Clément IX, l'honorèrent également de leur amitié, et ne laissèrent point reposer son pinceau.

Le Bolognèse fut nommé deux fois prince de l'académie de Saint-Luc. Il fut généreux sans être prodigue, affectueux avec les grands sans bassesse, et très-charitable envers les pauvres. Il mourut à Rome en 1680, dans sa soixante-quatorzième année, et laissa des biens considérables à six enfans, dont le cadet, nommé Alexandre, fut assez bon peintre. Les principaux ouvrages du Bolognèse se voient à Rome, dans l'église de Saint-Martin *dei Monti*, à la *Madona della Vittoria*, à Sainte-Marie *in Publicolis* et dans plusieurs autres églises de cette ville, dans la galerie du palais *Santa-Croce*, dans celle de la *Villa Rufina*, à Frescati, et dans le palais Costa à Plaisance. Il y a moins de sujets d'histoire que de paysages.

Le Poussin pinx.t C. Normand sc.

Planche 45.ᵉ — *Diogène jetant son écuelle; tableau de paysage par* le Poussin.

Diogène, se promenant aux environs d'Athènes, vit près d'une source un jeune homme qui, pour se désaltérer, buvait dans le creux de sa main. « Tu m'apprends, » dit-il, que je conserve encore du superflu » ; et il jette son écuelle loin de lui.

Ce magnifique paysage, qui doit sa désignation au trait historique que le Poussin y a représenté avec deux seules figures d'une petite dimension, offre de si grandes beautés pour la richesse de la composition, la vigueur et la finesse du coloris, la grandeur du style et la vérité de la perspective, qu'on le cite comme un modèle dans son genre, et comme un chef-d'œuvre qu'on peut opposer à tous ceux qu'ont produits l'école italienne et l'école flamande.

Non-seulement le Poussin s'est autant distingué comme paysagiste que comme peintre d'histoire, mais ses paysages seuls suffiraient pour le placer au premier rang; et ses tableaux d'histoire auraient beaucoup moins de réputation, s'il ne les eût ornés pour la plupart de paysages dont la beauté ajoute singulièrement au mérite de ses compositions. Comme paysagiste, le Poussin réunit tout ce que l'on peut exiger dans les ouvrages de ce genre : des sites du plus beau choix, des fabriques du meilleur goût, des arbres et des ciels dont les formes et les masses ont véritablement le caractère historique ou poétique, selon la nature du sujet. Aucun peintre de l'école d'Italie, pas même le Titien, les Caraches ni le Dominiquin, n'a saisi cette perfection d'ensemble qui ne laisse rien à desirer. Quant à la vérité et à la légèreté du coloris, il n'est aucun peintre flamand, tel que Ruysdael, Winants, Téniers, Berghem, Van den Velde, &c., qui ne se fût fait honneur du tableau dont il s'agit; et, sous ce rapport, Claude le Lorrain, peintre français qu'aucun autre n'a égalé, pourrait seul lutter avec quelque avantage contre le Poussin.

Le tableau de Diogène fut peint à Rome en 1648 pour M. Lumagne, à qui le Poussin l'envoya à Paris. Après la mort de cet amateur, il fut acquis pour le cabinet du Roi. C'est un des plus précieux du Musée. On reconnaît dans les fonds plusieurs sites et édifices des environs de Rome. Le Poussin se plaisait à reporter dans ses paysages les études dont il ne cessait de s'occuper dans ses voyages ou dans ses promenades.

Le Brun pinx.^{r} C Normand sc.

Planche 46.e — *L'Entrée de Jésus-Christ dans Jérusalem; tableau de* Le Brun.

Notre-Seigneur, monté sur une ânesse, est entouré d'un peuple nombreux : les uns étendent leurs manteaux sur son passage; d'autres y répandent des branches de palmier et des fleurs. Dans le lointain à droite, on aperçoit une des portes de la ville.

Ce sujet, exécuté dans les proportions d'un tableau de chevalet, est très-remarquable par la noblesse du style, la variété des mouvemens et la vivacité de l'expression. Les draperies sont toutes de bon goût, et l'exécution est très-soignée dans l'ensemble ainsi que dans les détails; le coloris est brillant sans être cru. Nous ignorons quelle était la destination primitive de ce tableau, propre à décorer un oratoire : mais, vers le milieu du siècle dernier, il faisait, ainsi que les deux morceaux qu'offrent la planche suivante et la planche 49, partie du cabinet du Roi, et il était gardé comme en magasin dans la galerie d'Apollon au Louvre. C'est dans le même lieu qu'étaient placées les fameuses batailles d'Alexandre, chefs-d'œuvre du même artiste. Cette magnifique galerie, dont les ornemens, tant en dorure qu'en sculpture, sont dans un état de dégradation complète, est aujourd'hui, mais sans doute provisoirement, employée à l'exposition des dessins des anciennes écoles, et des émaux les plus précieux.

Planche 47.e — *Jésus-Christ portant sa croix ; tableau de* Le Brun.

Jésus-Christ allant au supplice, et tombant sous le poids de sa croix, est rencontré par la Vierge Marie et par S. Jean. On aperçoit dans le lointain la montagne du Calvaire.

Ce morceau est peut-être moins riche de composition que celui qui fait le sujet de la planche précédente ; mais il n'est pas moins recommandable sous le rapport des caractères et pour la manière franche et expressive dont ils sont rendus.

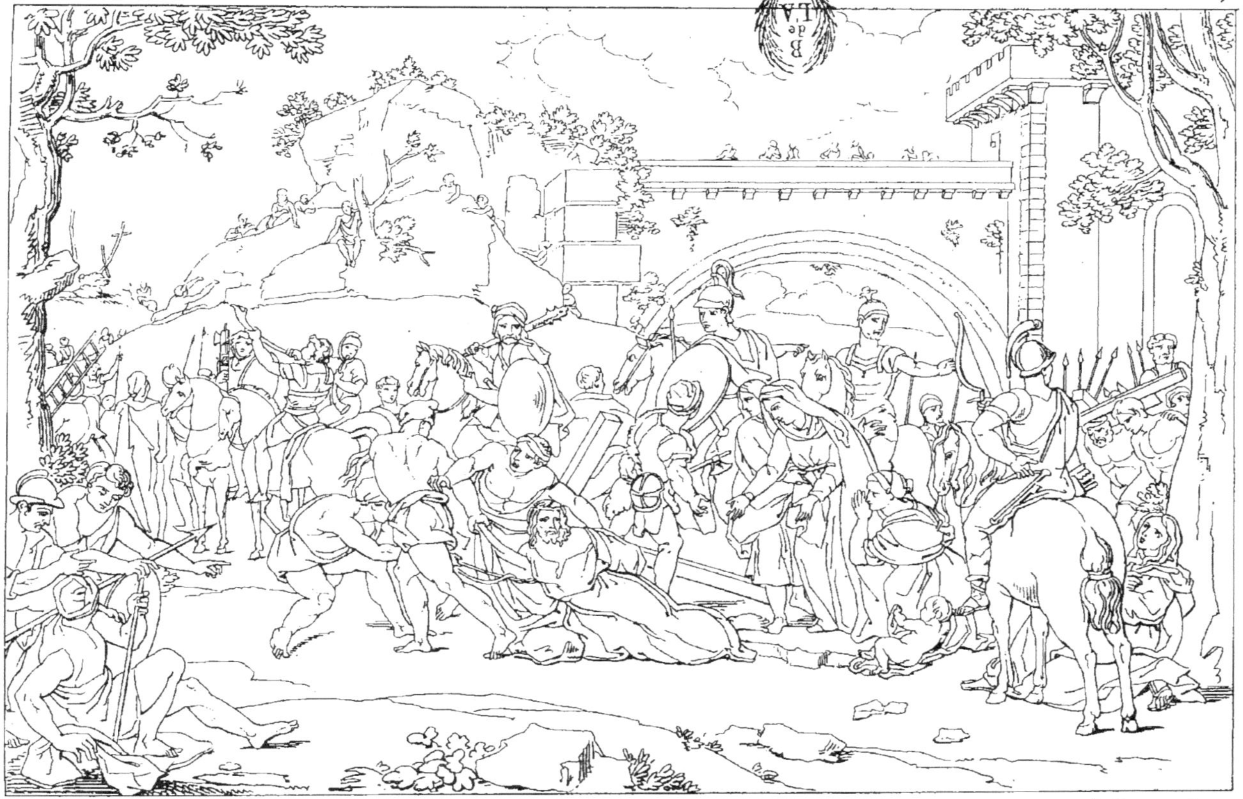

Le Brun pinx.t C Normand sc.

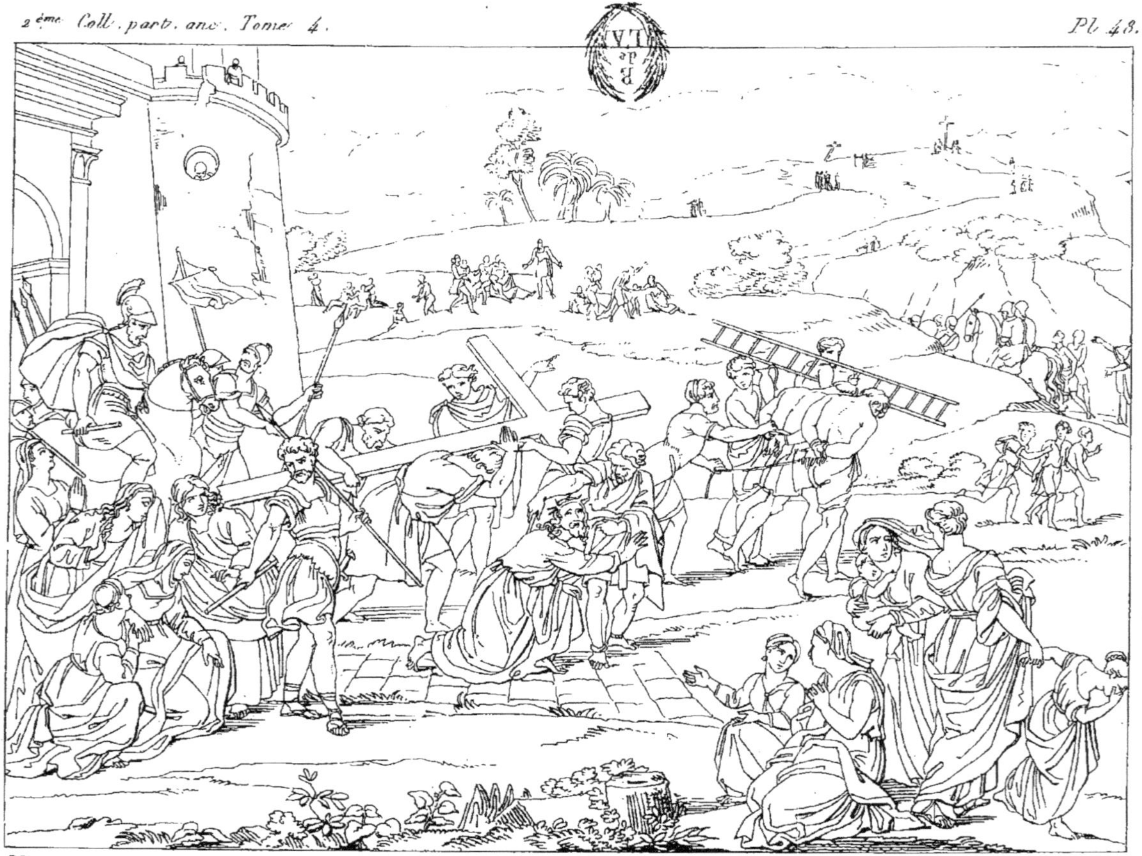

Mignard pinx.t C. Normand sc.

Planche 48.e — *Jésus-Christ sur le chemin du Calvaire; tableau de* Mignard.

Nous ne pensons pas que ce tableau, dont le sujet est le même que celui de la planche précédente, ait été commandé pour être placé dans le même édifice; mais les proportions du cadre et celles des figures sont les mêmes, ou à peu de chose près. On voit dans celui-ci Notre-Seigneur, que de pieux personnages ont soulagé du poids de sa croix; un soldat relève durement le Sauveur pour lui faire reprendre le chemin du Calvaire. Ce groupe est précédé des deux larrons, liés et traînés au supplice. Dans le coin à gauche on voit les saintes femmes éplorées, et sur le devant, du côté opposé, plusieurs autres femmes donnant des marques d'étonnement et de douleur. Ce tableau, d'un artiste que l'on a toujours regardé comme l'émule de Le Brun, est bien en harmonie, sous le rapport de la composition et du coloris, avec ceux de ce dernier; mais la touche en est un peu moins ferme.

Planche 49.e — *Jésus élevé en croix; tableau de* Le Brun.

Ce tableau, exécuté dans les mêmes proportions et avec le même soin que les trois précédens, représente l'élévation en croix. La Vierge, S. Jean et la Madeleine, contemplent dans le plus profond abattement cette scène de douleur. A gauche, sur le devant, des soldats partagent entre eux, par la voie du sort, les vêtemens de Notre-Seigneur.

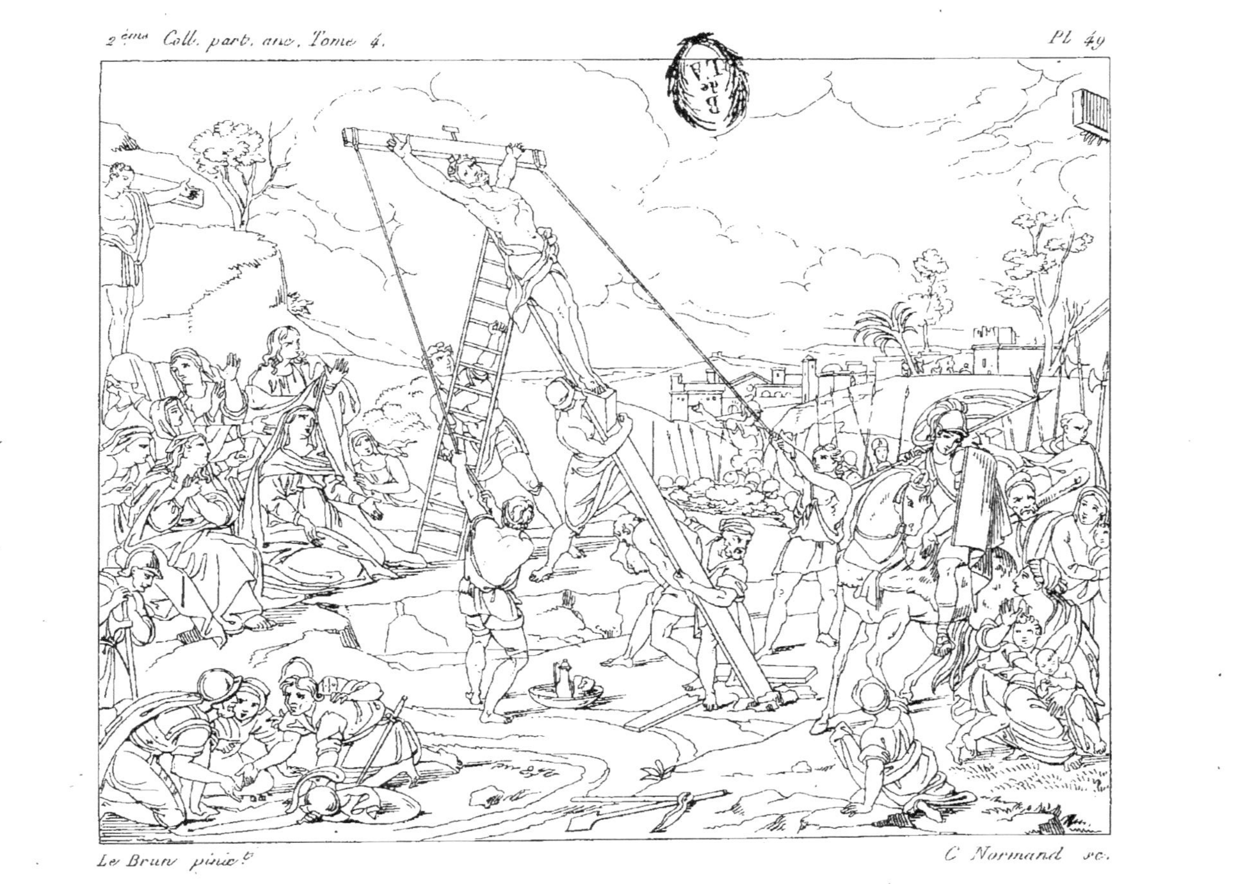

Le Brun pinxt. C. Normand sc.

Le Brun pinx.t C. Normand sc.

Planche 50.e — *Le Christ mort sur les genoux de la Vierge; tableau de* Le Brun.

On reproche quelquefois à Le Brun la mollesse de la touche; mais il est bon de remarquer que ce défaut n'existe guère que dans les ouvrages pour lesquels il a été obligé d'emprunter le pinceau de ses élèves, ainsi que l'ont fait généralement les peintres chargés de travaux nombreux. A la fermeté qui distingue le morceau dont nous donnons ici la gravure, au soin avec lequel tous les détails en sont rendus, on ne peut douter qu'il ne soit entièrement de la main de Le Brun. Le corps du Christ est lumineux : mais le reste du sujet paraît avoir été sacrifié à la figure principale; et peut-être ce tableau est-il plutôt un morceau d'étude qu'une composition destinée à la décoration d'un autel. On pourrait croire encore que Le Brun le peignit peu de temps après avoir quitté l'école de Vouet.

Planche 51.e — *Le Christ mort sur les genoux de la Vierge; tableau de* Louis Carache.

Ce petit tableau, du style le plus noble et le plus expressif, se recommande encore par la correction des formes et le fini de l'exécution. Seulement on pourrait desirer moins de jeunesse et plus d'altération dans les traits de la mère du Christ.

Ce morceau a été nouvellement acquis par ordre de Sa Majesté pour augmenter le nombre des chefs-d'œuvre de la collection du Musée royal.

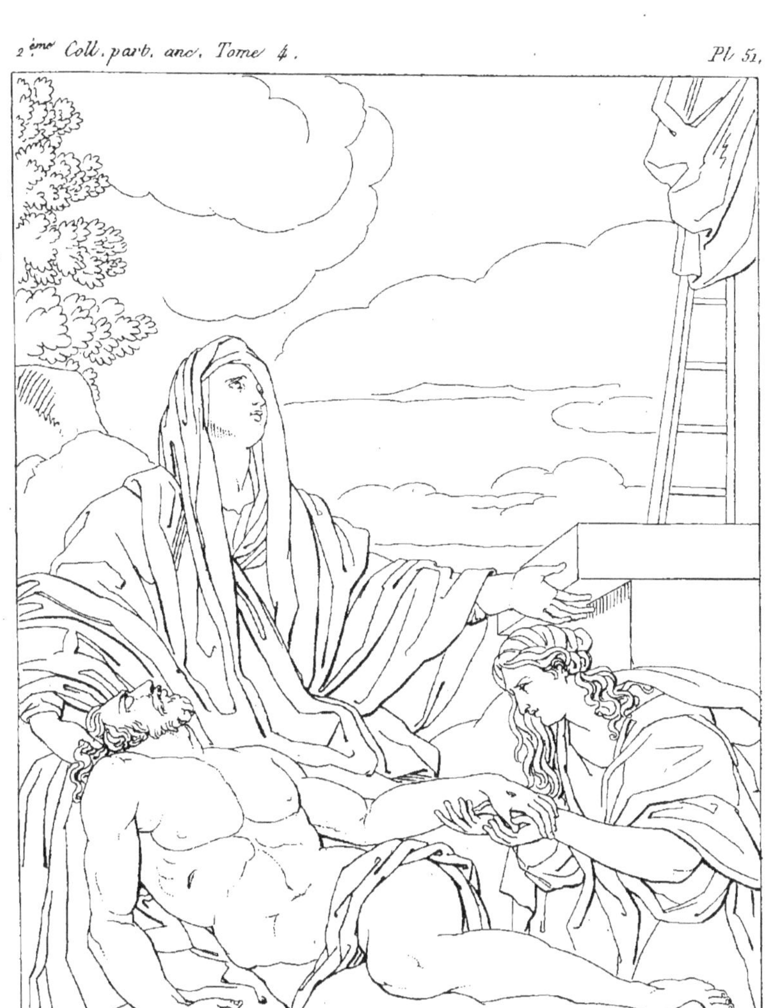

Louis Carache pinx.t C. Normand sc.

Cimabué pinx.t C Normand sc.

Planche 52.e — *La Vierge sur son trône; tableau de* Cimabué.

La Vierge tient sur ses genoux l'Enfant Jésus; elle est assise sur un trône : trois anges sont placés de chaque côté, posés symétriquement l'un au-dessus de l'autre et à une égale distance. Selon l'usage du temps, la bordure fait partie du tableau; des ornemens imprimés et coloriés la décorent, et accompagnent vingt-six médaillons, sur lesquels le peintre a représenté des bienheureux et des apôtres.

Giovanni Cimabué Gualtieri, d'une noble famille de Florence, était destiné à rétablir en Italie l'art de la peinture, que de longues guerres en avaient banni; il naquit en 1240, dans le temps même des plus grands désordres dont ce pays ait jamais été affligé. Comme Cimabué est le premier des peintres qui ont remis leur art en vigueur, on peut avec raison le nommer le maître de tous ceux qui ont paru depuis cette époque. Il fit paraître de très-bonne heure beaucoup plus de dispositions pour les arts que pour les lettres, à l'étude desquelles ses parens voulaient d'abord qu'il se consacrât. Il dérobait les heures de ses leçons pour aller voir travailler quelques peintres grossiers et ignorans que les Florentins avaient fait venir de Grèce, et qui peignaient à *Santa-Maria-Novella* la chapelle de l'illustre famille de Gondi. Ses parens, ayant enfin reconnu le grand amour qu'il avait pour la peinture, lui permirent de suivre son inclination. Cet art, qui était alors fort imparfait, reçut de lui un lustre qui excita l'admiration générale; et quoique ses ouvrages fussent bien éloignés de la perfection qui distingue ceux de ses successeurs, ils parurent si beaux en comparaison de ceux qu'on voyait dans ce temps-là, que l'auteur reçut des témoignages non équivoques de la satisfaction publique dans plus d'une circonstance, et notamment à l'occasion d'un tableau qui, pour la proportion et la composition, a beaucoup de rapport avec celui dont nous donnons ici la gravure. Vasari raconte que Charles d'Anjou, roi de Sicile et frère de S. Louis, ayant été nommé, par le pape Clément IV, lieutenant général de l'Empire en Italie, se rendit à Florence pour soutenir le parti des Guelfes contre les Gibelins de la Toscane : au milieu des fêtes qu'on lui donna, il fut conduit avec un brillant cortége hors de la porte Saint-Pierre, dans la maison de Cimabué. Le tableau n'était pas encore terminé; mais la nouveauté du spectacle, la proportion gigantesque de la figure de la Vierge, et l'amélioration du style, qui déjà tendait à s'éloigner de la manière sèche et mesquine des peintres grecs dont Cimabué était élève, frappèrent également tous les esprits. Selon d'anciens mémoires, d'après lesquels écrit Vasari, le concours fut si nombreux, la fête si gaie et si brillante, qu'on appela le canton de la maison de Cimabué *il Borgo allegri* [le Bourg joyeux], nom qu'il conserva depuis, lorsqu'il fut enfermé dans la nouvelle enceinte de Florence. Quand le tableau fut terminé, le peuple alla le prendre en grande cérémonie, le porta au son des instrumens à l'église de *Santa-Maria-Novella*, le fit placer entre la chapelle *de' Ruccellai* et celle *de' Bardi da Vernia*, récompensa noblement le peintre, et lui donna après sa mort une sépulture honorable à *Santa-Maria del Fiore*.

Les Pisans ne furent pas moins généreux que les Florentins. Vasari assure qu'ils comblèrent Cimabué d'honneurs et de présens, après avoir reçu le tableau de la Vierge et des anges, qui fait le sujet de cet article. Il fut placé d'abord sur le maître-autel de *San-Francesco*, puis à main gauche à l'entrée de l'église, et en dernier lieu sur la porte de la sacristie. Il fait maintenant partie de la collection du Roi de France.

Quoique Cimabué n'eût eu d'autres leçons que celles de quelques peintres fort éloignés de la vraie route, ni d'autres modèles que leurs ouvrages, qui semblaient tous copiés les uns d'après les autres, il ne s'astreignit pas à les imiter servilement, et il se créa une manière d'opérer fort différente de celle que pratiquaient ses maîtres. Il consulta la nature, corrigea en partie la raideur des formes qui est le caractère des ouvrages de cette époque, donna de l'expression aux traits du visage, marqua les plis des draperies, et disposa ses figures d'une manière plus ingénieuse : mais son talent ne le portait pas aux choses gracieuses; ses figures de Vierge manquent de beauté, et celles des anges placés dans un même tableau semblent formées sur le même modèle: mais il réussit à imprimer un caractère de fierté à ses figures d'hommes, et sur-tout aux têtes de vieillards. Ses idées ont de la grandeur, et c'est dans de grandes proportions qu'il s'est plu à les rendre. Florence possède deux de ses tableaux, l'un aux Dominicains, l'autre à la Sainte-Trinité : mais, quelque fierté de caractère que l'on puisse y remarquer, ils ne donnent pas aussi bien l'idée du style de Cimabué que les peintures qu'il exécuta à fresque dans l'église supérieure d'Assise. On n'avait encore rien vu de comparable sous ce rapport : elles représentent des sujets de l'ancien et du nouveau Testament, et sont bien conservées. Vasari en parle comme de morceaux étonnans pour la vigueur du coloris et l'aspect majestueux de l'ensemble.

Cimabué mourut en 1300, après avoir produit un grand nombre d'ouvrages et formé plusieurs élèves : le plus célèbre de ceux-ci est le Giotto, dont il est question dans l'article suivant.

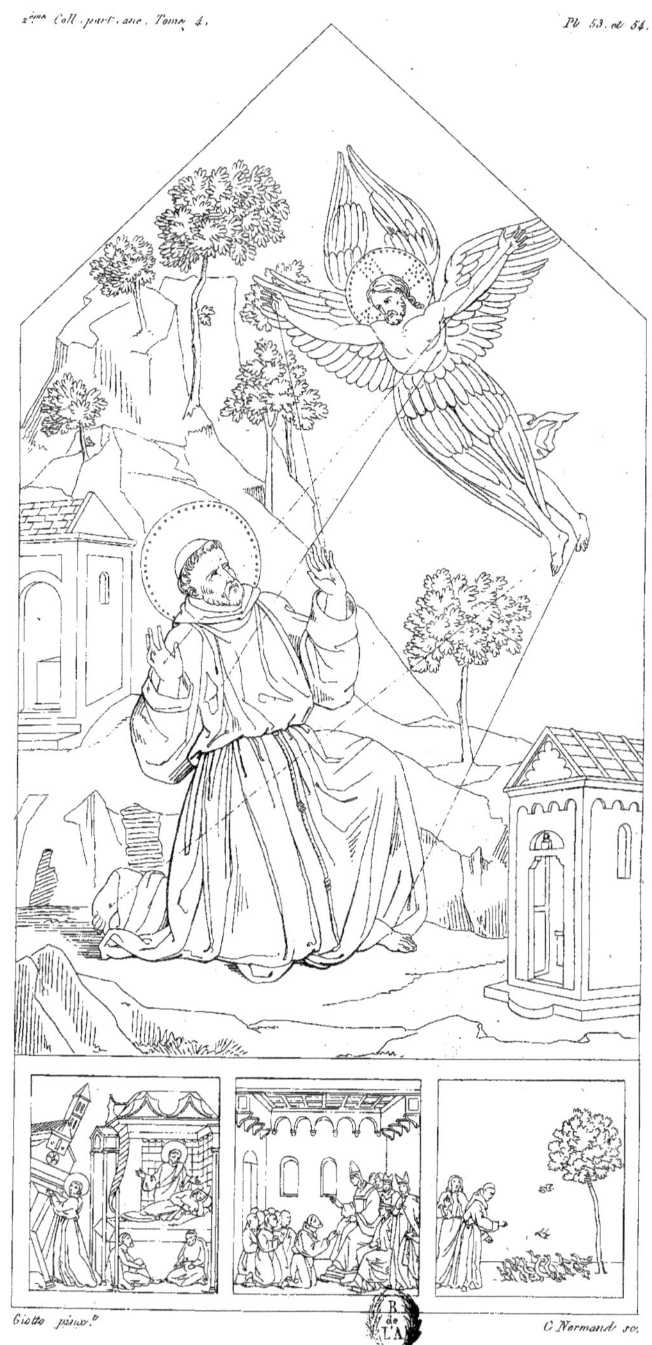

Giotto pinx.t C. Normand sc.

Planche 53.e et 54.e — *Les Stigmates de S. François; tableau de* Giotto di Bondone.

En 1224, deux ans avant sa mort, S. François s'était retiré sur le mont *Alverno*, situé aux confins de la Toscane; il lui avait été donné, dès 1213, par un seigneur du pays, nommé Orlando Catanio, qui y avait construit un oratoire et quelques cellules. Un matin, vers la fête de l'Exaltation de la Sainte-Croix, que l'église célèbre le 14 septembre, S. François, pendant qu'il priait sur la montagne, vit un séraphin ayant six ailes ardentes et lumineuses, qui descendait du haut du ciel d'un vol très-rapide. Quand il fut près de S. François, le saint aperçut entre ses ailes la figure d'un homme ayant les pieds et les mains étendus et attachés à une croix : deux ailes se levaient au-dessus de sa tête, deux étaient étendues pour voler, et deux couvraient tout son corps. Cette vision l'étonna merveilleusement, et disparut peu à peu. Aussitôt commencèrent à se manifester sur ses pieds et sur ses mains les marques des clous, comme il les avait vues dans l'image du crucifix, et à son côté droit une cicatrice rouge, comme d'un coup de lance, qui souvent jetait du sang, dont sa tunique était arrosée.

Tel est le sujet dont le Giotto a essayé de rendre scrupuleusement toutes les circonstances. Le saint, à genoux sur le côté de la montagne, est placé de manière à recevoir directement l'impression des signes qui émanent du séraphin : la vision va s'évanouir, et la croix a déjà disparu.

Le Giotto exécuta ce tableau pour les Franciscains de Pise, à son retour d'Assise à Florence. On le regarde comme un monument curieux du XIII.e siècle, qui fait connaître les progrès de l'art dus au Giotto, et la supériorité de cet artiste sur ceux de Pise et de Sienne qui vivaient de son temps. On admira la disposition heureuse, la vive expression du saint et l'exécution du paysage, premier essai de l'art en ce genre, qui parut alors merveilleux. On n'a pas moins vanté la beauté des trois petits tableaux placés au-dessus du grand et contenus dans le même cadre : les sujets sont également tirés de la vie de S. François; et ils méritent d'autant mieux d'être décrits, que l'exécution en est délicate, et paraît même supérieure à celle du sujet principal.

Sur le premier, l'artiste a représenté la vision du pape Innocent III. Pendant son sommeil, S. François lui apparaît vêtu pauvrement, et soutenant l'église de Saint-Jean de Latran qui tombe en ruine. Le prince des apôtres est debout près du lit. Au premier plan, les camériers de service reposent auprès de leur maître. Le sujet du milieu représente S. François suivi de ses douze premiers compagnons, recevant du pape Innocent III l'habit et la confirmation des statuts de son ordre : le pontife est assisté par Gui, évêque d'Assise, et par le cardinal Jean de Saint-Paul, évêque de Sabine. Sur le dernier tableau, les oiseaux écoutent attentivement la prédication de S. François. Quelquefois, disent les légendaires, ils chantaient alternativement avec lui quand il récitait son office, ou se taisaient à son commandement.

Ce tableau, peint sur bois et fond doré, placé d'abord dans l'église de *San-Francesco* à Pise, sur l'un des piliers voisins du maître-autel, avait été mis depuis dans l'intérieur de la sacristie; mais, ce couvent ayant été supprimé, on le porta dans l'église de Saint-Nicolas, où il fut placé près du maître-autel. Le nom du peintre est écrit sur la partie inférieure de la bordure, *Opus Jocti Florentini ;* et sur les côtés on a représenté les armes du donateur.

Les Pisans, charmés de la beauté de ce tableau, chargèrent le Giotto de peindre une des façades intérieures du *Campo-Santo*, célèbre édifice de leur ville, élevé à cette époque sur les dessins de *Giovanni da Pisa*.

On a dit que, si le Cimabué fut le Michel-Ange de son siècle, le Giotto en fut le Raphaël; et ce ne fut qu'un siècle après lui que Masaccio vint prouver que le Giotto était encore loin de la perfection. Au surplus, quelques éloges que ce peintre ait reçus des historiens de son temps et de quelques-uns de ceux qui sont venus après eux, il y aurait beaucoup à en rabattre, si l'on ne considérait qu'à l'époque où parut le Giotto, l'art ne faisait que de commencer à renaître; car il serait absurde de vouloir établir aucune comparaison entre les productions de Cimabué et celles de Michel-Ange, comme entre les tableaux du Giotto et ceux de Raphaël. Ce n'est guère qu'au XVe siècle que les ouvrages de l'art ont réuni en assez grand nombre les beautés qui constituent la perfection, pour mériter d'être distingués de cette multitude d'essais en tout genre, que l'on regarderait à peine aujourd'hui, et dont l'ancienneté seule fait le mérite, puisqu'on ne peut pas même dire qu'ils aient celui d'avoir été créés sans modèle; car les peintres des XIIIe et XIVe siècles dont nous venons de parler, avaient été formés par d'autres peintres : ils les ont surpassés par la vivacité de leur génie, comme d'autres à leur tour ont surpassé ceux-ci par tous les moyens que donne l'expérience de plusieurs générations d'artistes.

Giotto di Bondone, né en 1276 dans un bourg des environs de Florence, était occupé, très-jeune encore, à la garde d'un troupeau de brebis, lorsque Cimabué le vit dans la campagne dessinant sur une brique la figure d'un de ces animaux : il conçut une si bonne opinion de l'inclination naturelle de cet enfant, que, l'ayant demandé à son père, il l'emmena chez lui, où Giotto s'avança tellement dans la peinture, que non-seulement il se rendit l'égal de son maître, mais qu'il le surpassa de beaucoup. Il quitta la manière rude des peintres de ce temps, et de Cimabué lui-même, et il fut le premier qui se mit à faire des portraits, genre de peinture dont l'usage était comme perdu.

Giotto joignait à son talent extraordinaire un esprit vif et une humeur enjouée, qui firent rechercher sa société, et lui procurèrent un grand nombre d'amis et de protecteurs parmi les personnages les plus illustres. Après avoir travaillé à Florence, à Arezzo, à Sienne, à Rome, où il exécuta un grand tableau en mosaïque, à Avignon, Padoue, Vérone, Ferrare, Urbin, Faenza, Naples, Gaëte, Milan, et dans plusieurs autres villes d'Italie, il retourna à Florence, et y mourut en 1336.

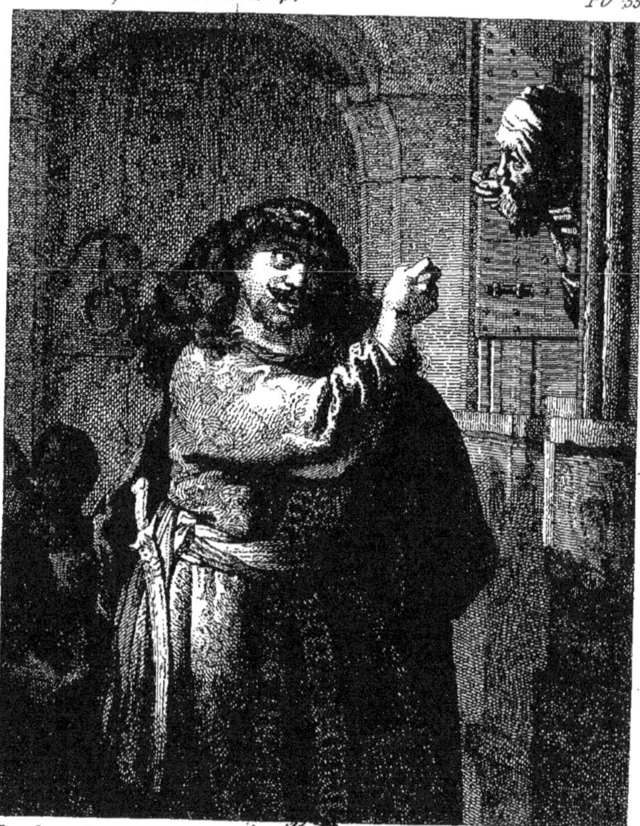

Rembrand pinx.t Boutrois sc.

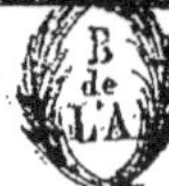

Planche 55.ᵉ — *Le Prisonnier en colère; tableau de* Rembrandt.

Ce morceau, provenant des conquêtes de 1806, de même que les cinq tableaux qui font le sujet des articles suivans, n'a été exposé au Musée que depuis 1807 jusqu'en 1815, époque où ils ont été rendus aux puissances alliées. Nous avons pensé qu'il serait d'autant plus agréable à nos lecteurs d'en posséder la gravure ombrée et rendue avec soin, que la magie du clair-obscur, qui contribue si puissamment à faire ressortir la beauté du coloris, est le principal mérite de ces six tableaux.

Celui-ci, peint dans la plus grande force du talent de Rembrandt, représente, dit-on, un prince de Gueldre menaçant son père. Nous ignorons sur quel fait cette conjecture est fondée; car il n'existe à ce sujet aucune tradition que l'on puisse admettre. Mais l'exécution du tableau ne laisse rien à desirer pour la vigueur du relief, l'harmonie des teintes, le moelleux du pinceau; nous pouvons ajouter, pour la vérité de l'expression, quoiqu'elle soit absolument dépourvue de noblesse, sur-tout dans la figure du prisonnier. La tête du vieillard est fort belle. Le Musée royal ne possède aucun tableau de Rembrandt qui puisse empêcher de regretter la perte de ce chef-d'œuvre.

Planche 56.e — *Portrait d'un Guerrier ; par* Rembrandt.

Un guerrier, debout, couvert de sa cuirasse, l'épée au côté, mais ayant la tête nue, est appuyé sur un rocher, ainsi que sur sa lance, qu'il tient des deux mains. Ce tableau, d'une touche très-moelleuse et très-soignée, ne le cède à aucun autre du même maître pour la finesse des tons et l'harmonie générale. L'effet en est tout-à-la-fois ferme et vaporeux.

2ème Coll. partic. anc. Tome 4. Pl. 56.

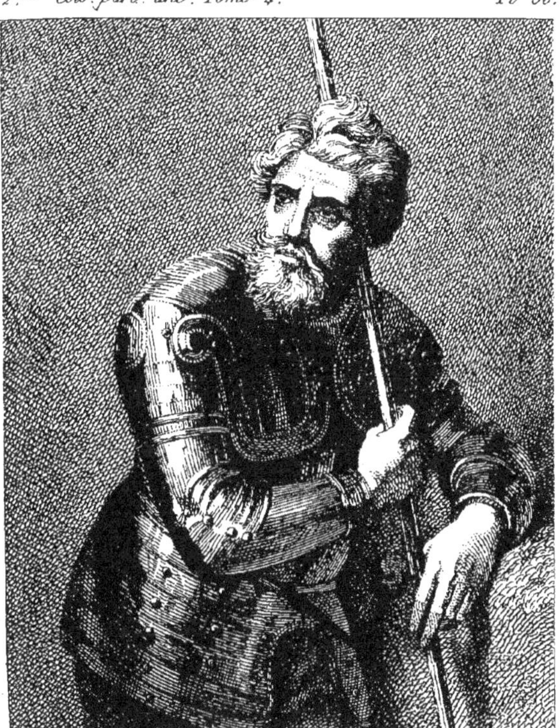

Rembrand pinx.t Boutrois sc.

Jean le Duc pinx.t Boutrois sc.

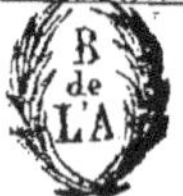

Planche 57.e — *Un Corps-de-garde ou Bivac ; effet de nuit par* Jean Le Duc.

Dans le fond du tableau, deux soldats, dont l'un est à genoux et l'autre debout, se chauffent à un feu qu'ils ont allumé en plein air. On voit sur le premier plan un jeune soldat tenant d'une main une chandelle allumée, que de l'autre il garantit du vent, de peur qu'elle ne s'éteigne ; et dans le coin à gauche, un tambour et un havre-sac.

L'effet de nuit est parfaitement rendu, et le tableau se recommande sur-tout par une grande finesse de touche et de coloris.

Quoique Jean Le Duc soit spécialement cité pour ses tableaux d'intérieur et pour ses corps-de-garde, ses tableaux d'animaux ne sont pas moins recherchés, et sont plus rares : ce genre de peinture fut même le but de ses premières études. Élève de Paul Potter, Le Duc imita si bien la manière de son maître, qu'il était souvent difficile de ne pas s'y méprendre : même finesse de dessin, même facilité de pinceau. Mais il y avait une grande différence dans leur caractère : Paul Potter ne quitta jamais un art qui l'avait si bien servi : l'élève, moins constant, abandonna la peinture pour prendre le parti des armes ; il eut une place d'enseigne, parvint au grade de capitaine, et l'on croit que dès ce moment il cessa absolument de peindre. On ignore l'année de sa mort. Il était né à la Haye en 1636, et il avait été directeur de l'académie de peinture de la même ville en 1671. Il a beaucoup gravé à l'eau-forte; ses planches sont fort estimées. Ses tableaux sont assez rares en France.

Le Musée royal n'en possède que deux. Le premier représente l'intérieur d'un corps-de-garde où des soldats fument et jouent aux cartes : on y remarque une femme d'une mise élégante, prêtant l'oreille aux paroles affectueuses que paraît lui adresser un officier ; on voit répandue à ses pieds une grande quantité de bijoux de toute espèce. Le second tableau, beaucoup moins capital, et touché plus librement, représente une jeune femme que des voleurs viennent d'arrêter : elle se met à genoux devant eux, et leur demande grâce.

Nous saisissons cette occasion de rappeler un excellent tableau du même maître, dont nous avons inséré la gravure au trait dans un volume supplémentaire de cette collection (1). Les figures sont d'une belle proportion ; et les détails, du ton le plus fin et de l'exécution la plus soignée. Le sujet est l'intérieur d'un corps-de-garde : deux militaires jouent aux dames, assis devant une table couverte d'un riche tapis ; un troisième, armé et ayant le casque en tête, les regarde jouer en fumant sa pipe. Ce tableau est le plus capital que nous connaissions de Jean Le Duc.

---

(1) *Galerie de M. le baron Massias*, pl. 44, pag. 93.

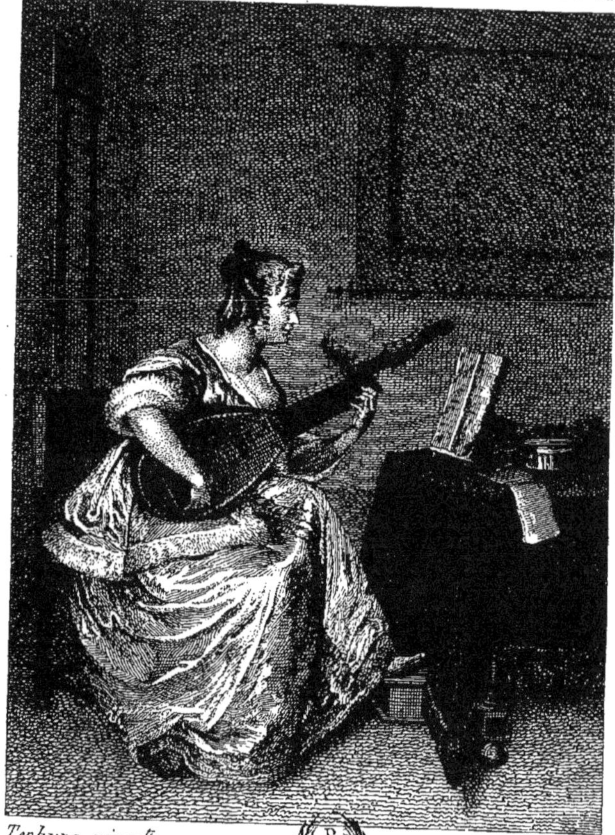

Terburg pinx.t Boutrois sc.

Planche 58.e —*Une jeune Dame jouant de la mandoline; tableau de* Gérard Terburg.

Nous avons donné, dans un des quatre volumes de tableaux de genre qui font partie de cette collection, une notice sur Terburg, et deux morceaux de la main de cet artiste. Celui-ci ne le cède à aucun des deux pour la finesse du coloris, l'agrément, le bon goût des plus petits détails, et sur-tout le moelleux et la grâce du pinceau. Les satins, les broderies, les fourrures, sont d'une vérité et d'une suavité de ton qui ne laissent rien à desirer.

Planche 59.e — *Un Chasseur en repos; tableau de* Karle Fabricius.

Un chasseur, assis sur un banc, tient son fusil sur ses genoux, et paraît assoupi. Son chien est près de lui, et semble fixer l'œil sur son maître. Le fond offre les ruines d'un édifice religieux.

Ce joli tableau, plus remarquable par la vérité de l'effet et la vigueur du coloris que par la finesse de la touche, a, sous le rapport principal, un mérite transcendant, qui ne se rencontre que dans un petit nombre des plus belles productions de l'école hollandaise. Il est à regretter que le Musée, auquel ce tableau très-précieux a été redemandé, n'en ait pas un autre pour le remplacer. Karle Fabricius était né à Delft en 1624; on ignore l'année de sa mort.

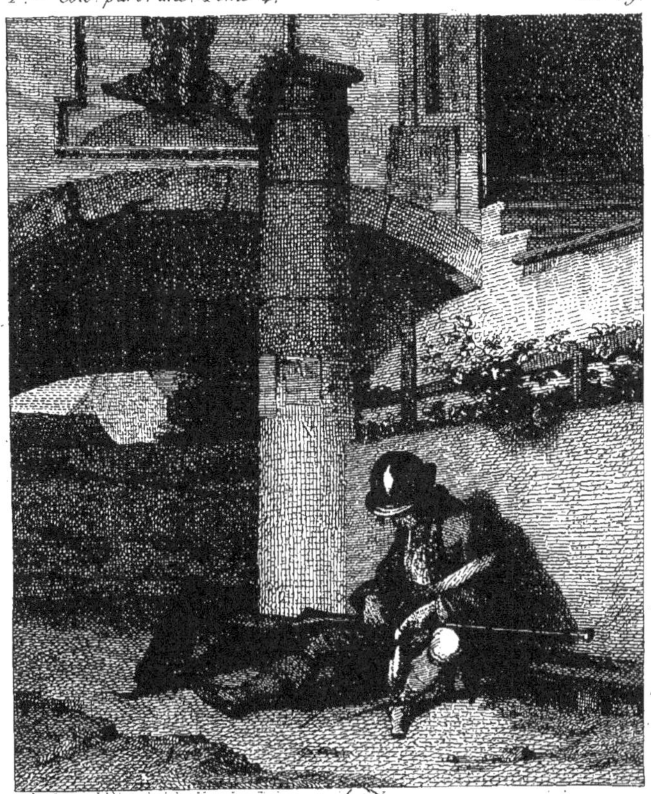

Fabricius pinx.t Boutrois sc.

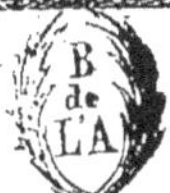

Kalf pinx.t Boutrois sc.

Planche 60.e et dernière. — *Le Camouflet; tableau de* Guillaume Kalf.

Un soldat, pour égayer les personnes qui sont avec lui au cabaret, approche du nez de son camarade endormi une amorce qui jette de la fumée. On aperçoit dans le fond une femme qui pose un chaudron sur le feu.

Kalf n'a guère peint que des intérieurs de cuisine avec un ou deux personnages dans les fonds, et il est rare de rencontrer un tableau de ce maître qui soit composé d'un grand nombre de figures. Cette circonstance, indépendamment du mérite de l'exécution, ajoute un nouveau prix à celui dont nous donnons ici la gravure. Le Musée n'en possède qu'un de ce peintre : le sujet est l'intérieur d'une cuisine, au milieu de laquelle sont entassés des légumes et divers ustensiles. On aperçoit une servante sur les marches d'un escalier; dans le fond, une femme et un homme près d'une cheminée. L'effet des figures est sacrifié à celui des accessoires.

Guillaume Kalf, né à Amsterdam vers 1630, passa quelques années dans l'école de Henri Pot, peintre d'histoire et de portrait; mais, soit incapacité, soit inclination particulière, il abandonna le genre de son maître, et se fit une manière originale, beaucoup plus facile, avec laquelle néanmoins il perça la foule des artistes voués à la médiocrité.

Il s'appliqua à peindre ce que l'on est convenu d'appeler *la nature morte*, des vases d'or, d'argent et de nacre, des cristaux, des fruits. La finesse avec laquelle il rendait ces sortes d'objets, l'intelligence avec laquelle il savait les disposer, leur donnaient un effet piquant et le charme de l'illusion. Il a peint également avec succès des intérieurs de cabinet et de cuisine, dont il a rendu les ustensiles avec la plus grande vérité. Le plus grand nombre de ses tableaux sont de ce genre.

Ses ouvrages, toujours soignés, soutinrent sa réputation; ils sont répandus principalement dans les cabinets de Hollande. Kalf mourut à Amsterdan en 1693, à l'âge de soixante-trois ans.

Fin du tome IVe et dernier de la seconde Collection, partie ancienne.

TABLE

DES PLANCHES

Contenues dans le quatrième et dernier Volume de la Collection des Annales du Musée, Partie ancienne.

PEINTURE.

LA Vierge recevant des mains de son fils la couronne de l'immortalité; par RAFFAELLINO DEL GARBO. Planche 1.re Pag. 7.

Les quatre Docteurs de l'Église. — PIER-FRANCESCO SACCHI DI PAVIA. Pl. 2...................... 9.

S. Bonaventure et S. Antoine de Padoue; S. Bernardin de Sienne, et S. Louis, évêque de Toulouse et de Pamiers. — ALESSANDRO BONVICINO. Pl. 3.................. 11.

La Vierge sur son trône. — FRÀ FILIPPO LIPPI. Pl. 4... 13.

La Salutation angélique. — VASARI. Pl. 5............. 15.

La Descente du Saint-Esprit sur les Apôtres. — LE BRUN. Pl. 6.................................... 17.

S. Bruno enseigne la théologie. — LE SUEUR. Pl. 7...... 19.

Dédicace d'une église. — LE SUEUR. Pl. 8............ 21.

La Vierge couronnée par le Père éternel. — PIERO DI COSIMO ROSSELLI. Pl. 9.......................... 23.

S.te Pétronille. — LE GUERCHIN. Pl. 10............. 25.

L'Annonciation et plusieurs Saints. — JUSTE. Pl. 11..... 27.

Jésus portant sa croix. — BENEDETTO CORRADI DEL GHIRLANDAIO. Pl. 12.............................. 29.

La Vierge, l'Enfant Jésus et des Anges. — BOTTICELLI. Pl. 13 . . . . 31.

Le prophète Élie fuyant dans le désert. — RUBENS. Pl. 14. 33.

Minerve au milieu des Muses. — JACQUES STELLA. Pl. 15. 35.

S. Hyacinthe sauvant la statue de la Vierge. — NICOLAS COLOMBEL. Pl. 16 . . . . 37.

La Madeleine aux pieds de Jésus-Christ. — JOUVENET. Pl. 17 . . . . 39.

La Présentation de Jésus au Temple. — LUCA GIORDANO. Pl. 18 . . . . 41.

La Vierge sur son trône. — LORENZO DI CREDI. Pl. 19. . 43.

La Vierge, l'Enfant Jésus et deux Donateurs. — BELTRAFFIO. Pl. 20 . . . . 45.

La Vierge assise sur les genoux de Ste Anne. — PONTORMO. Pl. 21 . . . . 47.

La Vierge reçoit la visite de Ste Élisabeth. — ROSSO. Pl. 22 . . . . 49.

Le Christ flagellé, adoré par les Anges. — BONINI. Pl. 23. 51.

Vertumne et Pomone. — PÂRIS BORDONE. Pl. 24 . . . . 53.

Jésus, après sa résurrection, apparaît à la Vierge Marie. — VAN THULDEN. Pl. 25 . . . . 55.

Jésus-Christ apparaît à la Madeleine. — ALLORI. Pl. 26. . 57.

Adam et Ève chassés du Paradis terrestre. — GIUSEPPE PORTA. Pl. 27 . . . . 59.

La Vierge et S. Joseph adorant l'Enfant Jésus. — MASSONE D'ALESSANDRIA. Pl. 28 . . . . 61.

L'Enfant Jésus dans les bras de sa mère. — LE GUIDE. Pl. 29 . . . . 63.

La Vierge sur son trône, accompagnée de deux Saints. — BIANCHI FERRARI. Pl. 30 . . . . 65.

La Vierge et l'Enfant Jésus. — SASSO FERRATO. Pl. 31. . 67.

La Vierge apparaît à S. Luc et à S. Yves. — EMPOLI. Pl. 32 .... 69.

Jésus ressuscité apparaît à la Madeleine. — LE PÉRUGIN. Pl. 33 .... 71.

L'Enfant Jésus, dans les bras de sa mère, bénit S. Jérôme et S. Zénobe. — ALBERTINELLI. Pl. 34 .... 73.

La Charité. — J. BLANCHARD. Pl. 35 .... 75.

La Sainte Famille : la Vierge, l'Enfant Jésus et S.te Anne. J. BLANCHARD. Pl. 36 .... 76.

La Pêche miraculeuse. — J. JOUVENET. Pl. 37 .... 77.

Les Vendeurs chassés du temple. — J. JOUVENET. Pl. 38. 78.

S. François de Paule ressuscite un enfant. — SIMON VOUET. Pl. 39 .... 79.

La Vierge couronnée dans le ciel. — RID. GHIRLANDAIO. Pl. 40 .... 81.

S. Jean-Baptiste caressant son agneau. — GUIDO CAGNACCI. Pl. 41 .... 83.

L'Enfant Jésus endormi sur les genoux de la Vierge. — TREVISANI. Pl. 42 .... 84.

La Descente de croix. — BOURDON. Pl. 43 .... 85.

Paysage. — LE BOLOGNÈSE. Pl. 44 .... 87.

Diogène jetant son écuelle. — LE POUSSIN. Pl. 45 .... 89.

L'Entrée de Jésus-Christ dans Jérusalem. — LE BRUN. Pl. 46 .... 91.

Jésus succombant sous le poids de sa croix. — LE BRUN. Pl. 47 .... 92.

Jésus allant au Calvaire. — MIGNARD. Pl. 48 .... 93.

Jésus élevé en croix. — LE BRUN. Pl. 49 .... 94.

Le Christ mort sur les genoux de la Vierge. — LE BRUN. Pl. 50 .... 95.

Le Christ mort sur les genoux de la Vierge. — LOUIS CARACHE. Pl. 51 .... 96.

La Vierge couronnée dans le ciel. — CIMABUÉ. Pl. 52... 97.

S. François recevant les stigmates. — GIOTTO DI BONDONE. Pl. 53 et 54 .... 101.

Le Prisonnier en colère. — REMBRANDT. Pl. 55 .... 105.

Portrait d'un guerrier. — REMBRANDT. Pl. 56 .... 106.

Des Soldats au bivac. — LE DUC. Pl. 57 .... 107.

Une jeune Dame jouant de la mandoline. — TERBURG. Pl. 58 .... 109.

Un Chasseur en repos. — FABRICIUS. Pl. 59 .... 110.

Le Camouflet. — KALF. Pl. 60 et dernière .... 111.

Fin de la Table des Planches du IVe et dernier volume de la seconde Collection, Partie ancienne.

TABLE GÉNÉRALE

DES PLANCHES

Contenues dans les quatre volumes composant la seconde collection *des* ANNALES DU MUSÉE, Partie ancienne.

PEINTURE.

ÉCOLES ITALIENNES.

ALBANE (Francesco Albani, *dit* l'). *École bolonaise.*

Actéon métamorphosé en cerf. Tome I, pl. 2....... Page 15.
Le Feu. T. II, pl. 37.......................... 75.
L'Eau. T. II, pl. 38.......................... 77.
L'Air. T. II, pl. 39.......................... 79.
La Terre. T. II, pl. 40.......................... 81.
La Toilette de Vénus. T. II, pl. 61.......................... 121.
Vénus à Lemnos. T. II, pl. 62.......................... 123.
Les Amours désarmés par les Nymphes. T. II, pl. 63.... 125.
Vénus et Adonis. T. II, pl. 64.......................... 127.

ALBERTINELLI (Mariotto). *École florentine.*

L'Enfant Jésus, dans les bras de sa mère, bénit S. Jérôme et S. Zénobe. T. IV, pl. 34.................. 73.

ALLORI (Alessandro). *École florentine.*

Jésus apparaît à la Madeleine. T. IV, pl. 28........... 57.

ANGELI (Filippo d'). *École romaine.*

Le Satyre et le Passant. T. III, pl. 57................ 115.

ANSELMI (Michel-Angelo). *École de Parme.*

La Vierge, S. Sébastien et S. Roch. T. II, pl. 54...... 115.

BAROCHE (Federigo Baroccio, *dit* le). *École romaine.*

La Visitation de la Vierge. T. II, pl. 46.............. 99.

BASSAN (Jacopo da Ponte, *dit* le). *École vénitienne.*

Joseph d'Arimathie et les saintes femmes pleurant Jésus prêt à être enseveli. T. I, pl. 26.................. 61.

Les Travaux de la campagne pendant la moisson. T. III, pl. 11 .... 29.
Les Noces de Cana. T. III, pl. 55 .... 111.
L'Adoration des Bergers. T. III, pl. 58 .... 117.
Le Frappement du rocher. T. III, pl. 66 .... 131.
Le Christ au tombeau. T. III, pl. 72 .... 143.

BASSAN (François). *École vénitienne.*

Jésus chez Marthe et Marie. T. III, pl. 65 .... 129.

BELTRAFFIO (Giovanni-Antonio). *École milanaise.*

La Vierge et l'Enfant Jésus reçoivent l'hommage de Girolamo Cesi et de son fils. T. IV, pl. 20 .... 45.

BIANCHI FERRARI (Francesco). *École de Modène.*

La Vierge sur son trône tient l'Enfant Jésus sur ses genoux. T. IV, pl. 30 .... 65.

BISCAINO (Bartolomeo). *École génoise.*

L'Adoration des Bergers. T. II, pl. 31 .... 69.

BOLOGNÈSE (Gio. Fr. Grimaldi, *dit* le). *Éc. bolon.*

Paysage. T. IV, pl. 44 .... 87.

BONINI (Girolamo). *École bolonaise.*

Le Christ flagellé, adoré par des Anges. T. IV, pl. 23 .... 51.

BONVICINO (Alessandro). *École vénitienne.*

S. Bernardin de Sienne et plusieurs autres Saints. T. IV, pl. 3 .... 11.

BORDONE (Pâris). *École vénitienne.*

L'Anneau de S. Marc. T. III, pl. 1 et 2 .... 9.
Mars et Vénus. T. III, pl. 9 .... 25.
Vertumne et Pomone. T. IV, pl. 24 .... 53.

BOTTICELLI (Sandro Filippi). *École florentine.*

L'Enfant Jésus sur les genoux de la Vierge. T. IV, pl. 13. 31.

BRAMANTINO (Bartolomeo). *École milanaise.*

Jésus porté au tombeau. T. III, pl. 14 .... 35.

BRUSASORCI (Felice Riccio). *École vénitienne.*

La Vierge et S. Joseph reçoivent l'hommage de S.te Ursule. T. II, pl. 14 .... 37.

CAPPUCINO (Bernardo Strozzi, *dit* le). *École génoise.*

La fille d'Hérodiade tenant la tête de S. Jean-Baptiste. T. II, pl. 57 .... 119.

CARACHE (Louis). *École bolonaise.*

Le Christ mort sur les genoux de la Vierge. T. IV, pl. 51. 96.

CARACHE (Augustin). *École bolonaise.*

La Vierge et l'Enfant Jésus accompagnés de plusieurs Saints. T. III, pl. 10........................ 27.

CARACHE (Annibal). *École bolonaise.*

Hercule placé entre le Vice et la Vertu. T. I, pl. 11..... 31.
La Vierge monte au ciel environnée de la hiérarchie céleste. T. II, pl. 63........................... 129.
Le Christ au tombeau. T. III, pl. 5.................. 17.
S. Jean-Baptiste prêchant dans le désert. T. III, pl. 49... 99.
Les plaisirs de la Pêche. T. III, pl. 51............... 103.
Les plaisirs de la Chasse. T. III, pl. 52.............. 105.

CARACHE (Antoine). *École bolonaise.*

Le Déluge. T. III, pl. 54......................... 109.

CIMABUÉ (Gio. Gualtieri, *dit* le). *École florentine.*

La Vierge sur son trône. T. IV, pl. 52............... 97.

CORRÉGE (Antoine Allegri, *dit* le). *École de Parme.*

Léda. T. II, pl. 25.............................. 57.
Le Christ couronné d'épines. T. III, pl. 24........... 55.
Tête de S. Jean-Baptiste enfant. T. III, pl. 24......... 55.

CREDI (Lorenzo di). *École florentine.*

La Vierge présente l'Enfant Jésus à l'adoration de deux Saints. T. IV, pl. 19........................ 43.

DOMINIQUIN (Domenico Zampieri, *dit* le). *Éc. bolon.*

Timoclée devant Alexandre. T. II, pl. 7 et 8.......... 25.
Le Triomphe de l'Amour. T. II, pl. 9................ 27.
S.te Cécile chante les louanges du Seigneur. T. II, pl. 11. 31.
Le Repos de la Sainte Famille. T. II, pl. 21........... 49.
L'Apothéose de S.te Cécile. T. II, pl. 23.............. 53.
Le Concert. T. II, pl. 71......................... 145.
Renaud et Armide. T. III, pl. 7.................... 21.
Dieu reproche à nos premiers parens leur désobéissance. T. III, pl. 19.............................. 45.

DONDUCCI (Andrea). *École bolonaise.*

Jésus, la Vierge et plusieurs Anges. T. II, pl. 17...... 43.

DOSSO DOSSI. *École ferraraise.*

S. Joseph considère l'Enfant Jésus caressant la Vierge. T. II, pl. 66.............................. 135.
La Nativité. T. III, pl. 70......................... 139.

EMPOLI (Jacopo Chimenti da). *École florentine.*

La chaste Susanne. T. I, pl. 48...................... 105.
La Vierge apparaît à S. Luc et à S. Yves. T. IV, pl. 32.. 69.

FRÀ BARTOLOMEO. *École florentine.*

Le Sauveur du monde, accompagné des quatre évangélistes. T. I, pl. 1.......................... 13.
Le Mariage mystique de S.te Catherine. T. III, pl. 56... 113.

FERRARI (Gaudenzio). *École milanaise.*

S. Paul en méditation. T. III, pl. 8.................. 23.

FETI (Dominique). *École romaine.*

Le Mariage mystique de S.te Catherine. T. I, pl. 45...... 99.

FRANCIA (Fr. Raibolini, *dit*). *École bolonaise.*

Jésus descendu de la croix. T. II, pl. 29............. 65.

GAROFOLO (Benvenuto Tizio da). *École ferraraise.*

L'Enfant Jésus sur les genoux de sa mère. T. II, pl. 26.. 59.

GHIRLANDAIO (Benedetto Corradi del). *Éc. florent.*

Jésus portant sa croix. T. IV, pl. 12.................. 29.

GHIRLANDAIO (Ridolfo Corradi del). *École florentine.*

La Vierge couronnée dans le ciel. T. IV, pl. 40........ 81.

GIORDANO (Luca). *École napolitaine.*

La Présentation de Jésus au temple. T. IV, pl. 18...... 41.

GIORGION (Giorgio Barbarelli, *dit* le). *Éc. vénit.*

S. Sébastien. T. I, pl. 37........................... 83.
Adam et Ève. T. I, pl. 41............................ 91.

GIOTTO DI BONDONE. *École florentine.*

Les Stigmates de S. François. T. IV, pl. 53 et 54....... 101.

GUERCHIN (Gio. Francesco Barbieri, *dit* le). *Éc. bolon.*

S. Jérôme se réveille au bruit de la trompette du jugement, qu'il croit entendre. T. III, pl. 16........... 39.
Combat des Romains et des Sabins. T. III, pl. 68....... 135.
L'Apothéose de S.te Pétronille. T. IV, pl. 10.......... 25.

GUIDO CAGNACCI. *École bolonaise.*

S. Jean-Baptiste caressant son agneau. T. IV, pl. 41..... 83.

GUIDO (Reni). *École bolonaise.*

Jésus donne les clefs à S. Pierre. T. II, pl. 28......... 63.
La Madeleine. T. III, pl. 18...................... 43.
La Vierge, l'Enfant Jésus et le petit S. Jean. T. IV, pl. 29. 63.

JULES ROMAIN (Giulio Pippi, *dit*). *École romaine.*

La Vierge, S. Joseph et l'Enfant Jésus. T. III, pl. 22.... 51.
La Vierge, l'Enfant Jésus et S. Jean. T. III, pl. 30...... 61.

LELIO ORSI. *École lombarde.*

L'Enfant Jésus délivre une ame du purgatoire. T. III, pl. 71.............................. 141.

LÉONARD DE VINCI. *École florentine.*

La Vierge, l'Enfant Jésus, un Ange et le petit S. Jean. T. III, pl. 3.............................. 13.
S. Jean-Baptiste. T. III, pl. 15.................. 37.
Portrait de Mona-Lisa, dit *la Joconde.* T. III, pl. 20..... 47.
Portrait d'une femme inconnue. T. III, pl. 20.......... 47.
La Cène. T. III, pl. 53........................ 107.

LIGOZZI (Jacopo). *École vénitienne.*

Jésus au jardin des Olives. T. III, pl. 17............. 41.

LIPPI (Filippo). *École florentine.*

La Vierge sur son trône, composition mystique. T. III, pl. 4.............................. 13.

MARATTE (Carle). *École romaine.*

La Sainte Famille. T. III, pl. 67.................. 133.

MASSONE D'ALESSANDRIA (Giovanni). *École génoise.*

La Vierge et plusieurs Saints, tableau en trois parties. T. IV, pl. 28.............................. 61.

MURILLO (Bartolomé). *École espagnole, comprise dans les écoles italiennes.*

Le Père éternel contemple l'Enfant Jésus. T. III, pl. 21.. 49.

NUVOLONE (Panfilo). *École milanaise.*

La Vierge et l'Enfant Jésus écrasant le serpent. T. I, pl. 47.............................. 103.

PALME le Vieux (Jacopo Palma). *École vénitienne.*

La Vierge et l'Enfant Jésus reçoivent l'hommage de plusieurs Saints. T. II, pl. 40.................. 87.

PALME le Jeune (Jacopo Palma). *École vénitienne.*

Le roi Midas juge d'Apollon et de Marsyas. T. I, pl. 14... 37.
Marsyas écorché par Apollon. T. I, pl. 15............ 39.
Vénus et l'Amour. T. I, pl. 65.................. 139.
Le Christ pleuré par trois Anges. T. II, pl. 44........ 95.

PELLEGRINI (Antonio). *École vénitienne.*

La Modestie obtient les suffrages du génie des beaux-arts. T. III, pl. 31........................... 63.

PÉRUGIN (Pietre Vannucci, *dit* le). *École romaine.*

La Vierge et son fils reçoivent l'hommage de plusieurs saints. T. II, pl. 37........................ 81.
Jésus ressuscité apparaît à la Madeleine. T. IV, pl. 33.... 71.

PIETRE DE CORTONE (Pietro Berrettini, *dit*). *Éc. rom.*

Faustulus remet à Laurentia Rémus et Romulus. T. III, pl. 35..................................... 71.

PONTORMO (Jacopo Carrucci da). *École florentine.*

La Vierge assise sur les genoux de S.te Anne. T. IV, pl. 21. 47.

PORTA (Giuseppe). *École florentine.*

Adam et Ève chassés du Paradis terrestre. T. IV, pl. 27. 59.

PROCACCINI (Ercole). *École milanaise.*

Le Mariage de la Vierge. T. II, pl. 58............... 121.

RAFFAELLINO DEL GARBO. *École florentine.*

Le Couronnement de la Vierge. T. IV, pl. 1........... 7.

RAPHAËL (Raffaello Sanzio, *ou*). *École romaine.*

L'Adoration des Rois. T. I, pl. 4.................. 19.
La Présentation au temple. T. I, pl. 5............... 21.
La Vierge couronnée dans le ciel. T. I, pl. 39......... 87.
L'Assomption de la Vierge. T. I, pl. 49.............. 107.
La Salutation angélique. T. II, pl. 38............... 83.
Deux portraits. T. III, pl. 69..................... 137.

RIBERA (Joseph), *dit* l'Espagnolet. *École romaine.*

La Mère de douleur. T. III, pl. 18.................. 43.

ROSSELLI (Pietro di Cosimo). *École florentine.*

La Vierge couronnée par le Père éternel. T. IV, pl. 9... 23.

ROSSO. *École florentine.*

La Vierge reçoit la visite de S.te Élisabeth. T. IV, pl. 22.. 49.

SACCHI (Andrea). *École bolonaise.*

S. Grégoire opérant un miracle. T. II, pl. 41.......... 89.

SACCHI DI PAVIA (Pier-Francesco). *École milanaise.*

Les quatre Docteurs de l'église. T. IV, pl. 2.......... 9.

SAMACHINI (Orazio). *École bolonaise.*

Alcée, Anacréon, Érinne, Sapho. T. III, pl. 12....... 31.

SARACINO (Carlo). *École vénitienne.*

Le Repos en Égypte. T. II, pl. 34. .... 75.

SASSO FERRATO (Gio. Batista Salvi da). *École romaine.*

La Vierge tenant sur ses genoux l'Enfant Jésus endormi. T. IV, pl. 31............................ 67.

SCHEDONE (Bartolomeo). *École de Parme.*

Jésus-Christ porté au tombeau. T. III, pl. 23.......... 53.

Le Repos de la Sainte Famille. T. III, pl. 33......... 67.

SCHIAVONE (Andrea Medula, *dit* le). *Éc. vénit.*

La Prédication de S. Jean dans le désert. T. II, pl. 4.... 19.

SOLIMÈNE (Francesco Solimena, *dit* le). *Éc. napolit.*

Satan se dispose à tenter Adam et Ève. T. II, pl. 50.... 107.

La Salutation angélique. T. II, pl. 72.............. 147.

TINTORET (Jacopo Robusti, *dit* le). *École vénitienne.*

Le Christ descendu de la croix. T. I, pl. 43........... 95.

Entrée de Jésus dans Jérusalem. T. I, pl. 53.......... 115.

La Cène. T. III, pl. 32.......................... 65.

TITIEN (Titiano Vecellio, *ou* le). *École vénitienne.*

S. Jérôme dans le désert. T. III, pl. 5................ 21.

TREVISANI (Francesco). *École vénitienne.*

L'Enfant Jésus endormi sur les genoux de la Vierge. T. IV, pl. 42............................ 84.

VANNI (Francesco). *École de Sienne.*

Un Ange présente à la Vierge des alimens pour l'Enfant Jésus. T. II, pl. 22........................ 51.

VASARI (Giorgio). *École florentine.*

La Salutation angélique. T. IV, pl. 5................ 15.

VÉRONÈSE (Aless. Turchi, *dit* Alexandre). *Ec. vénit.*

Jupiter et Léda. T. I, pl. 22........................ 53.
Le Jugement de Pâris. T. I, pl. 23................... 55.

VÉRONÈSE (Paolo Caliari, *dit* Paul).

Jésus guérit la belle-mère de Pierre. T. II, pl. 52....... 111.
La Vierge, l'Enfant Jésus et plusieurs Saints. T. II, pl. 59. 123.
Le Mariage mystique de S.te Catherine d'Alexandrie. T. III, pl. 29............................ 59.
La Vierge, l'Enfant Jésus, S. George, &c. T. III, pl. 34.. 69.
Deux portraits de femme. T. III, pl. 36............. 73.
Le Banquet de Simon-le-Lépreux. T. III, pl. 59 et 60.... 119.

ÉCOLES ALLEMANDE, FLAMANDE ET HOLLANDAISE.

BRIL (Paul).

Paysage; figures d'Ann. Carache. T. III, pl. 50......... 101.

CHAMPAIGNE (Philippe de).

Le Repas chez le Pharisien. T. II, pl. 55 et 56.......... 117.

DOUVEN (Jean-François).

La Vierge aux cerises. T. I, pl. 29. .... 67.
Susanne et les Vieillards. T. II, pl. 32............... 71.

FABRICIUS (Karle).

Un Chasseur en repos. T. IV, pl. 59................. 110.

JORDAENS (Jacques).

L'Adoration des Bergers. T. I, pl. 57................ 123.
L'Éducation de Jupiter. T. I, pl. 69................. 147.

JUSTE.

Marie reçoit l'envoyé du Seigneur. T. IV, pl. 11........ 27.

KALF (Guillaume).

Le Camouflet. T. IV, pl. 60......................... 111.

LAIRESSE (Gérard de).

Antiochus et Stratonice. T. III, pl. 13............... 33.

LE DUC (Jean).

Des Soldats au bivac. T. IV, pl. 57.................. 107.

PORBUS le fils (François).

Cérémonie religieuse. T. II, pl. 69.................. 141.

POELENBURG (Cornille).

Le Martyre de S. Étienne. T. III, pl. 42 .... 85.

REMBRANDT VAN RYN (Paul).

Jacob bénit les enfans de Joseph. T. I, pl. 31 .... 71.
Le Prisonnier en colère. T. IV, pl. 55 .... 105.
Portrait d'un guerrier. T. IV, pl. 56 .... 106.

ROTTENHAMER (Jean).

Repos de la Sainte Famille. T. I, pl. 63 .... 135.

RUBENS (Pierre-Paul).

Mars couronné par la Victoire. T. I, pl. 27 .... 63.
La Résurrection de Lazare. T. I, pl. 34 .... 77.
L'Adoration des Bergers. T. I, pl. 67 .... 143.
Élie conduit par un Ange dans le désert. T. IV, pl. 14 ... 33.

TERBURG.

Un Trompette attend les ordres d'un officier. T. III, pl. 41 . 83.
Une jeune Dame jouant de la mandoline. T. IV, pl. 58 ... 109.

THULDEN (Van).

Jésus-Christ ressuscité apparaît à sa mère. T. IV, pl. 25 .. 55.

VAN DEN EECKOUT.

Anne présente son fils au grand prêtre. T. III, pl. 48 .... 97.

VAN DER WERF (Adrien).

Diane assise à l'entrée d'un bois. T. I, pl. 9 .... 27.
La Charité romaine. T. I, pl. 13 .... 35.
Adam et Ève. T. I, pl. 71 .... 151.

VAN DYCK.

Le Couronnement d'épines. T. I, pl. 35 .... 79.
S. Jean-Baptiste et S. Jean l'Évangéliste. T. I, pl. 55 ..... 119.
La Descente du Saint-Esprit sur les Apôtres. T. I, pl. 59 .. 127.

VAN OSTADE (Adrien).

Le Maître d'école. T. II, pl. 49 .... 105.

VICTOOR ou FICTOOR (Jean).

Aman aux genoux d'Esther. T. I, pl. 51 .... 111.
Le Sacre de David. T. I, pl. 58 .... 125.

ÉCOLE FRANÇAISE.

BLANCHARD (Jacques).

La Charité. T. IV, pl. 35........................... 75.
La Sainte Famille : la Vierge, l'Enfant Jésus et S.te Anne. T. IV, pl. 36.................................. 76.

BOURDON (Sébastien).

Le Martyre de S. Protais. T. II, pl. 64................ 131.
Tente de vivandières. T. III, pl. 47.................. 95.
Le Christ au tombeau. T. IV, pl. 43................... 85.

COLOMBEL (Nicolas).

S. Hyacinthe sauvant la statue de la Vierge. T. IV, pl. 16. 37.

COYPEL (Noël).

Solon prend congé des Athéniens. T. II, pl. 67........ 137.
Trajan donne des audiences publiques. T. II, pl. 68..... 139.

DE LA FOSSE (Charles).

Le Mariage de la Vierge. T. III, pl. 45.............. 91.

DUFRESNOY (Alphonse).

S.te Marguerite. T. II, pl. 16......................... 41.

JOUVENET (Jean).

La Vierge et l'Enfant Jésus assistent aux derniers momens d'un vieillard. T. II, pl. 43........................ 93.
Intérieur de l'église de Notre-Dame de Paris. T. III, pl. 4. 15.
Le Repas chez le Pharisien. T. IV, pl. 17............. 39.
La Pêche miraculeuse. T. IV, pl. 37.................. 77.
Les Vendeurs chassés du Temple. T. IV, pl. 38......... 78.

LE BRUN (Charles).

La Descente du Saint-Esprit sur les Apôtres. T. IV, pl. 6. 17.
L'Entrée de Jésus-Christ dans Jérusalem. T. IV, pl. 46.. 91.
Jésus succombant sous le poids de sa croix. T. IV, pl. 47. 92.
Jésus élevé en croix. T. IV, pl. 49.................. 94.
Le Christ mort sur les genoux de la Vierge. T. IV, pl. 50. 95.

LE NAIN (Louis et Antoine).

Le Maréchal au milieu de sa famille. T. III, pl. 6...... 19.

LÉONARD, de Limoges.

Le Triomphe de Diane, peinture en émail. T. I, pl. 7 et 8. 25.
Combat de cavaliers, peinture en émail. T. II, pl. 1 et 2. 11.

LE SUEUR (Eustache).

La Salutation angélique. T. II, pl. 47................ 101.
S. Bruno enseigne la théologie. T. IV, pl. 7........... 19.
Dédicace d'une église. T. IV, pl. 8.................. 21.

MIGNARD (Pierre).

Jésus allant au Calvaire. T. IV, pl. 48................ 93.

POUSSIN (Nicolas).

Psyché consulte l'oracle d'Apollon. T. I, pl. 25........ 59.
Voyage de Faunes, de Satyres et d'Hamadryades. T. I, pl. 61.................................. 131.
Moïse change en serpent la verge d'Aaron. T. II, pl. 3.. 17.
Le jeune Pyrrhus transporté à Mégare. T. II, pl. 19 et 20. 47.
La Vierge apparaît à S. Jacques-le-Majeur. T. II, pl. 60.. 125.
S.te Marguerite. T. II, pl. 70...................... 143.
Jésus institue le sacrement de l'eucharistie. T. III, pl. 46.. 93.
Paysage, Diogène jetant son écuelle. T. IV, pl. 45...... 89.

STELLA (Jacques).

Minerve au milieu des Muses. T. IV, pl. 15........... 35.

VALENTIN.

Le Concert. T. III, pl. 43......................... 87.
Autre Concert. T. III, pl. 44....................... 89.

VOUET (Simon).

S. Vincent de Paul ressuscite un enfant. T. IV, pl. 39.. 79.

SCULPTURE.

Cupidon et Psyché, groupe. T. I, pl. 3............... 17.
Une Muse. T. I, pl. 6............................ 23.
Une Muse. T. I. pl. 10........................... 29.
Un jeune Athlète. T. I, pl. 12...................... 33.
Quatre bustes : Euripide, Lycurgue, Bias, Bacchus indien. T. I, pl. 16.......................... 41.
Les forges de Vulcain, bas-relief. T. I, pl. 17......... 43.
Quatre bustes : Guerrier, Minerve, Germanicus et Marc-Aurèle. T. I, pl. 18........................ 45.
Trois bustes : double Hermès, Socrate, masque de Silène. T. I, pl. 19............................. 47.
Athis, statue. T. I, pl. 20......................... 49.
Apollon Lycien, statue. T. I, pl. 21................. 51.
Quatre bustes : trois personnages inconnus, Sénèque. T. I, pl. 24............................... 57.

Une Muse, statue. T. I, pl. 28.................... 65.
Proserpine, statue. T. I, pl. 30.................... 69.
Quatre bustes : trois personnages inconnus, fille d'un affranchi. T. I, pl. 32.................... 73.
Une Nymphe, statue. T. I, pl. 33.................... 75.
Quatre bustes : personnages inconnus. T. I, pl. 36...... 81.
Vertumne, statue. T. I, pl. 38.................... 85.
Hygie, statue. T. I, pl. 40.................... 89.
Une Muse, statue. T. I, pl. 42.................... 93.
Une Muse, statue. T. I, pl. 44.................... 97.
Une Muse, statue. T. I, pl. 46.................... 101.
Une Muse, statue. T. I, pl. 50.................... 109.
Thésée, statue. T. I, pl. 52.................... 113.
Apollon, statue. T. I, pl. 54.................... 117.
Minerve, statue. T. I, pl. 56.................... 121.
Sabine, statue. T. I, pl. 60.................... 129.
Quatre bustes : Plotine, Matidie, une Romaine, une autre Romaine. T. I, pl. 62.................... 133.
Hygie, statue. T. I, pl. 64.................... 137.
Une Muse, statue. T. I, pl. 66.................... 141.
Vénus, statue. T. I, pl. 68.................... 145.
Quatre bustes. T. I, pl. 70.................... 149.
Une Naïade, statue. T. I, pl. 72.................... 153.
Le Nil et le Tibre, statues. T. II, pl. 1 et 2............ 11.
Jeune Faune, statue. T. II, pl. 6.................... 23.
Nymphe de la mer, statue. T. II, pl. 10.............. 29.
Faune portant une outre, statue. T. II, pl. 12......... 33.
Jeune Apollon, statue. T. II, pl. 15.............. 39.
Mercure, statue. T. II, pl. 18.................... 45.
Rémus et Romulus allaités par une louve. T. II, pl. 24... 55.
Antinoüs, statue. T. II, pl. 27.................... 61.
Apollon, statue. T. II, pl. 30.................... 67.
Bacchus, statue. T. II, pl. 33.................... 73.
Mnémosyne, statue. T. II, pl. 36.................... 79.
Jeune Athlète, statue. T. II, pl. 42.................... 91.
Athlète, statue. T. II, pl. 45.................... 97.
Ulysse, statue. T. II, pl. 48.................... 103.
Athlète, statue. T. II, pl. 51.................... 109.
Marc-Aurèle, statue. T. II, pl. 53.................... 113.
Bacchus considéré comme emblème du soleil et dieu des saisons, bas-relief. T. II, pl. 61 et 62.............. 127.

Fin de la Table générale des Planches de la seconde Collection, Partie ancienne.

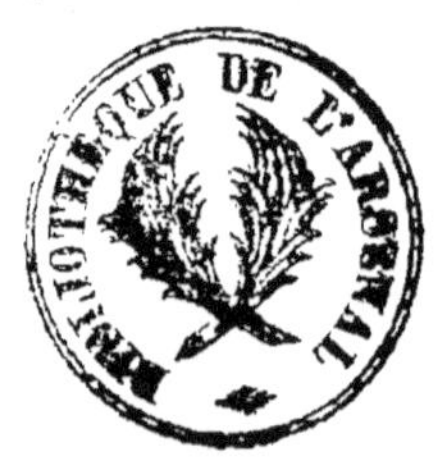

www.ingramcontent.com/pod-product-compliance
Lightning Source LLC
LaVergne TN
LVHW010555110826
845149LV00003B/664